未来社会への
学びのヒント

～東京都教育会からのメッセージ～

東京都教育会

悠光堂

東京都教育会紹介

　東京都教育会は、東京都民の教育団体です。

　本会綱領において、「民主的で文化的な国家を建設して、世界平和と人類の福祉に貢献しようとするわれらの日本国民の理念は、その実現の基礎を教育に求めなければならない。」と高らかに宣言し、創設以来137年の長き歴史を誇り、歩み続けているところです。

　綱領に示す通り、教育や学校は子供たちだけのためのものではなく、教職員のためだけのものでもありません。全ての都民のものなのです。

　例えてみれば、企業が株主だけの利益を図るものではなく、その公益性ゆえに、企業で働く従業員や消費者、顧客のためにも存在するがごとしなのです。

　折しも現在、「人生100年時代の社会の在り方」や「人材革命」が大いに議論される中、学校においても「社会に開かれた教育課程」を標榜する新学習指導要領の実践が求められています。東京都教育会は、首都東京の強みを大いに生かし、教育の更なる充実に邁進してまいります。

　特に今後、地域社会の人的・物的資源を活用したり、社会教育と連携を図ったりし、学校教育を学校内にとどめずに、その目指すところを都民と共有、連携しながら都民・社会総がかりで実現できるよう支援したいと考えています。

　本会は、このような思いのもと、様々な事業を展開しているところですが、都民や各学校への公正・中立で健全な教育世論喚起のため、ホームページ委員会において多くの提言を行っています。

　とりわけ、現在、重要な教育課題を選んで1冊の本としてまとめ、ご提案する次第です。

　本書を一人でも多くの教育関係者や保護者及び教員を目指す方に読んでいただくことで、教育や学校がかかえる教育課題が改善・解決され、子供たちに豊かな未来がもたらされることを祈念しています。

東京都教育会会長　貝ノ瀨　滋

はじめに

　教育基本法の改正をうけて、教育三法の改正がなされ、我が国の教育の根本的な改革が進行しています。教育、特に学校教育は、全て国民にとって身近な課題であるだけに多くの人たちが関心をもっています。また、教育という活動は、人を育てる活動であり、これには、全ての国民の参画、つまり単に関わりをもつとか関心をもつとかではなく、一定の権利をもって学校経営において、ある役割を果たすことを容認するという考え方が一般的になってきています。

　このような発想を基盤に、学校に対する保護者や地域の人々からの各種の支援・協力、要望が増えております。必然的に学校現場における校長先生には学校経営の手腕がこれまで以上に期待されております。

　校長先生は日夜、課題解決に努力を重ねていると思いますが、社会全体の変化との関連もあり、ご苦労が多いという声も耳に届いております。

　これまで東京都教育会はホームページに各学校が直面している課題の解決策について、現場的視点を重視した提言・見解を示してきました。貝ノ瀬滋会長からは、これらの内容をまとめて、我が国の教育改革、教育現場における諸課題等に関心のある人たちに読んでもらう本を出版しよう、というアドバイスをいただきました。

　本会の提案等は既に120本以上に達しました。本書はこれらの提言を素材として、これからの教育の在り方について考えてみました。

　1つのテーマに対して8～10ページ程度にまとめ、A5判の大きさにすることによって読み手の利便性に合わせてあります。

　教育は、学校の中だけで完結するものではありません。これからの教育課題について多くの方々と一緒に考えていきたいと考えております。

　学校関係者、これを取り巻く教育行政担当者、児童生徒の保護者、さらには教員を目指す多くの人々の教育に対する考え方の一助となるよう努力してまいりました。

　ぜひ、手に取って内容を確認していただきたいと期待しております。

　　　　　　　　　東京都教育会　ホームページ委員会委員長　岡野 仁司

目次

東京都教育会紹介 …………………………………2

はじめに …………………………………………3

Ⅰ 学校経営・学校運営
1 知識基盤社会を構築する学校教育の在り方 …………………6
2 学校における食育の推進充実と安全な給食
　― 食物アレルギーに対する教職員の危機意識を高めよう ― …………14
3 特別支援教育の充実を図ろう …………………………24
4 非正規教員の業務や給与を改善し学習活動の充実を図ろう …………33
5 18歳に選挙権、学校教育はどう受け止め、取り組むか …………43
6 東京2020大会のレガシーを世界へ発信しよう …………………54

Ⅱ 教育課題
1 教員の「働き方改革」と児童生徒に向き合う授業の創造 …………66
2 学校における危機管理と安全教育を徹底しよう …………………76
3 小学校におけるプログラミング教育の課題をどう克服するか …………85
4 中学校・高等学校の情報教育を徹底しよう
　― 大学入試におけるサイバーカンニングを教訓にして ― …………93
5 国際数学・理科教育動向調査／国際学習到達度調査の結果
　― 基礎学力向上 理科離れの改善は未だ ― …………………100
6 日本の国土、海に守られている意識から海を守る意識への転換を …110

Ⅲ 学習指導
1 教員のICTリテラシーを高め、ICT機器を活用した学習を充実させよう …122
2 人間としての生き方について考えを深める
　　　道徳の授業を推進しよう（中学校） …………………132
3 柔道の授業を通して武道の心と楽しさを体験させよう …………140

I　学校経営・学校運営

1 知識基盤社会を構築する学校教育の在り方

はじめに

　本会ホームページ、「提言16：知識基盤社会における教育」において、「知識基盤社会の教育では、単に知識の量を増やすのではなく、"生きる力"の育成を基本理念として重視していること、生きる力を構成する要素として、"幅広い知識・柔軟な思考力・創造性"等がある。」と述べている。また、「提言32：問題解決の授業をデザインしよう」では、「知識基盤社会の時代においてますます重要となる"生きる力"を育成するためには、児童生徒の主体的な実践的活動を中心においた学習が不可欠である。」と提言している。

　この2つの提言に基づいて、知識基盤社会を構築するために学校教育はどうあればよいかについて考察するとともに、「知識基盤社会」、「生きる力を育成する教育」、「知識を創出する教育」、「知的体系と価値体系の創出」などについての見解を記述する。

1．知識基盤社会

　「知識基盤社会」は、2005年の中央教育審議会（以下「中教審」という）答申「我が国の高等教育の将来像」で示された文言で、21世紀は、「知識基盤社会（knowledge-based society）」の時代であると述べている。そして、「知識基盤社会」とは、「新しい知識・情報・技術・政治・経済・文化をはじめ社会のあらゆる領域での活動の基盤として飛躍的に重要性を増す社会」であると定義している。

　このように、「知識基盤社会」に関する中教審答申が「我が国の高等教育の将来像」に示されたということは、まず、大学教育等の改善を強調したものと考えられる。しかし、答申に示された基本理念は、小中学校、高等学校、大学など、一貫したものであり、生涯にわたって知識を創出することを重視していかなければならない。

学校教育においては、幅広い知識、柔軟な思考力、創造性などを踏まえ、課題を探究し、未知の問題に対して柔軟かつ総合的な判断をして解決する意欲に富む国民を育成することが急務である。

2．「生きる力」を育成する教育

　文部科学省（以下「文科省」という）は、学習指導要領を「ゆとり」か「詰め込み」か、ではなく「生きる力」を育成する教育とし、基礎的な知識や技能の習得と思考力、判断力、表現力などの育成を強調している。

　1970年代までの日本の教育は、「詰め込み」教育が主流であった。知識は教員から児童生徒に与えられるものであり、児童生徒は知識をひたすら頭の中に詰め込むこと、いわゆる暗記に力を注いできた。そして、その知識を定着させることが、学習過程において重視されてきた。まさに知識重視型の教育であったと言える。

　与えられた知識では、新たな問題を発見したり、学習を主体的、意欲的に進めたりして、生きて働く力の習得にはつながらない。また、児童生徒が柔軟な思考力や創造性を発揮して、学習意欲の向上や学習習慣を形成していくことにも十分に機能しない。

　ゆとり教育は1980（昭和55）年度、1992（平成4）年度、2002（平成14）年度から施行された学習指導要領に沿った教育である。文科省が「ゆとり」を重視した学習指導要領を導入し、2002（平成14）年度から実質的に開始された。学習内容の大幅な削減、完全学校週5日制の実施、総合的な学習の時間の新設など、これまでの学習指導要領に比べて大幅な改訂となった。

　ゆとり教育の目的は、学習時間と内容を減らし、児童生徒の学習の負担を軽減し、その分心の余裕を確保し、より自由な発想を培い、国際社会で通用し得る真の学力を育成することであった。しかし、OECD生徒の学習到達度調査（PISA）、特にPISA2003、PISA2006の結果から、日本の児童生徒の低迷している学力は、論理的思考力、文章や図の論理的な解釈や論述などであった。また、学力が世界のトップレベルから転落しているという実態が明らかになった。

　詰め込み教育からの脱却を図った「ゆとり教育」を掲げた学習指導要領の下

で、小学校6年生の時から教育を受けてきた世代であったが、十分な学力が身に付かなかったという結果になった。

「知識基盤社会」を生き抜くことができる「確かな学力」の育成を目指して、2011（平成23）年度（小学校）からは現行学習指導要領に基づいた教育が行われている。

新学習指導要領 2017(平成29)年3月31日告示 は、小学校ではオリンピック・パラリンピック競技大会が開催される2020年度から、その10年後の2030年度までの間（中学校2021～2031年度、高等学校2022～2032年度）、児童生徒の学びを支える重要な役割を担うことになる。

3．知識を創出する教育

社会全体がグローバル化し、競争と技術革新が要求されるようになった現在、幅広い知識の獲得、柔軟な思考力を培う活動を通して、新たな知識を創出することが重要になっている。それには、知識の量だけを学力とするのではなく、新たなものを創造する能力や論理的思考力こそが、「確かな学力」であるという「学力観」の転換を図る教育の創造を目指すことが重要である。

知識基盤社会では、生涯にわたって学び続けることが必要である。したがって、新たな知識や能力を求める人々の要求にどう応えていくかについても考えなければいけないが、ここでは、小学校と大学の教育を通じて、知識を創出する授業について考えてみたい。

知識を創出する授業の過程は、小学校でも大学でも基本的には同じである。しかし、児童生徒や学生等の発達の違いや既習事項の内容の質や量によって、授業のデザインや進め方には工夫が必要である。

（1）小学校における知識を創出する授業

小学校では、2011（平成23）年4月から全面実施されている「現行学習指導要領」中学校は2012（平成24）年4月、高等学校は2013（平成25）年4月では、「確かな学力」を目指すことが掲げられている。

文科省は、「"基礎的・基本的な知識、技能の習得"とともに、"習得""活用""探

究"などの学習活動を通じた"思考力・判断力・表現力の育成"が必要である。」と示している。

「習得」と「探究」の基本的な考え方が公表されて以来、例えば、理科教育においては、「まず教えてから、考えさせる。」という「習得」と「探究」を短絡的に捉えた授業が、一部の教員によって行われるようになった。児童が必ずしも必要としていない知識を教員の一方的な判断によって、まず教えてしまう。そして、その後、児童に考えさせて授業を進めるというパターンである。

「知識の創出」で重要なことは、児童が自ら知識を創り出すということである。それには、児童が学習の対象から見いだした疑問や問題をイメージ化し、それを既有の知識や経験等と関係付けたり、意味付けたりして、対象を解釈していく過程の中で、新たな知識として創出されるべきものである。したがって、獲得されていない知識をまず与えて、既に獲得したものにしようとしても意味のないことである。それでは柔軟な思考力や論理を構成することには役に立たないし、知的体系も創られない。

例えば、理科において、「知識の創出」を図るには、問題解決の授業を通して、観察や実験、自然体験、科学的な体験を一層充実することが必要である。

児童が自ら創出した知識は、自ら活用し、新たな問題に挑戦しようとする意欲の高揚につながる。そして、児童が自ら意欲的に問題解決を進めようとする。したがって、教員は問題解決の授業の過程において、児童と「対象（自然の事物・現象）との出会い」「対象から未知の問題の発見」「未知の問題を既有の知識や経験との対比」「柔軟な思考・判断・表現の活性化」「観察や実験の計画と実施」「観察や実験結果の考察」「一連の活動を通して創りあげられた知識」などを、児童と教員の創造活動の場として、総合的にデザインをすることが重要である。また、主体的、対話的で深い学びを通じて、相手の考えは自分とは異なるが、理解はできるという立場を保持し、柔軟に思考したり、対応したりできる人間関係を築いていくとともに、創造性を発揮できるように配慮し、支援していかなければならない。

児童は、教員との創造活動を通じて、探究する問題を既習内容や経験と比較したり、因果関係で考えたり、類としてまとめたりするなど、対象に応じてこれまで獲得したスキルを駆使して、意欲的に問題解決に当たることができるよ

うになる。また、相手の思考内容を理解したり、柔軟に取り入れたりすることによって、創出される知識は、相手にも理解され、知識の共有化につながっていく。

　教員には、授業の過程で「新たな知識の創出」を図っていく場を、どのような手続きを経て、どのようにデザインするかが問われることになる。

　習得型と探究型の学習活動において、教えることが「習得型」、考えさせることが「探究型」などと、安易な捉え方をすべきではない。習得型、活用型、探究型の授業は、相互に関わりながら補強し合い、融合していくにはどうしたらよいか、その学習構造のデザインをすることが教員の役割である。

（２）大学における知識を創出する授業

　イギリスの大学評価機関「クアクアレリ・シモンズ社（Quacquarelli Symonds：QS）」は1990年に設立された。2004年から毎年9月に「世界の大学ランキング」を公表している。

　QSは、世界の学術機関及び職員に対して「学術界の評判」「企業からの評判」「教員一人あたりの論文引用数」「教員あたりの学生数」「外国人教員の割合」「留学生の割合」などの調査の結果に基づいて、「世界の大学ランキング」を作成してきた。したがって、「世界の大学ランキング」の順位等によって、各大学が求めている「知識・価値」をはじめ「教育と研究」「大学教授や学生の質」などについて、おおよそ把握することができる。

　QSの2018年TOP100世界大学ランキングに入った日本の大学は、東京大学28位、京都大学36位、東京工業大学56位、大阪大学63位、東北大学76位と、5大学に過ぎない。

　世界ランキングで日本は上位に食い込めず、学生の学力低下も指摘されている。卒業しても就職のできない学生も増えている。1990年代から始まった教養教育軽視は、日本の将来に大きな懸念をいだかせてきたが、今、顕在化してきたようにも考えられる。

　一方、日本の大学教授・准教授・講師等の論文数が、年々減少していることや、外国人教員・留学生の割合が海外の大学に比べて低いことなどが、日本の大学の価値が問われていると考えざるを得ない。

この深刻な状況を改善するには、教員と学生が対話によって、他人の「知識・価値」を理解するとともに、自分の「知識・価値」を創りあげていくなど、大学教育の質的転換を図ることが重要である。
　1998年10月、大学審議会の答申「21世紀の大学像と今後の改革方策について」によると、「大学教育は"知"の再構築が求められる時代といい、知識の量だけでなくより幅広い視点から"知"というものを総合的に捉え直していくとともに、それを踏まえて知的活動の一層の強化のための高等教育の構造改革を進めることが強く求められる時代となっていく。」と指摘している。また、「各大学において教養教育の在り方を真剣に考えていくことが必要である。」と教養教育の重要性についても指摘している。
　このように、今後の大学教育では、単に知識の量だけでなく、それを基に新たな知識を創出したり、表現したりする「能動的な知」をもつ教養人を育成することが求められている。
　それには、講義方式による授業を改善していかなければならない。講義（lecture）は、大学等の高等教育機関における授業の一方法である。大学設置基準（文部省令）では、授業の方法として、講義、演習、実験等が定義されている。
　講義は教員が作成したノートを読み上げるという一方的な形で行われることが多い。このようなことから、極端な言い方をすると「大学には、講義はできても授業はできない教員がいる。」などの声も聞かれる。したがって、講義中に、居眠りをしたり、スマートフォンでメールを送ったりするなどの学生が出てくるのも不思議な現象ではない。
　大学においても、1つの授業科目で、学生が柔軟に思考したり、創造活動をしたりするなど多彩な授業の場をデザインしていくことが重要である。
　例えば、授業を「"講義・演習・実験"等のテーマを媒介とした教員と学生による創造活動である。」という授業観として捉えるならば、授業は教員の一方的なものにはならない。常に学生と共に授業を創造していくことが求められる。創造的な授業や研究活動は、その過程に学生たちを参加させなければならないからである。
　1コマの授業において、学生に創造活動に触れる機会を提供しなければ、柔

軟な思考力や創造性を培うことは難しい。また、主体的、対話的で深い学びを通じて、他者の考え方や感じ方を理解し、尊重するようにすることも重要である。このような表現活動によっても、新たな知識が創出され、その知識を共有できるようになる。知識基盤社会を生き抜くためには、知識を創出するとともに、知識を共有し、知的体系の構築にもつなげていくことが必要である。

4．知的体系と価値体系の創出

　大学教育の根本は教育と研究である。教育基本法第七条に「大学は、学術の中心として、高い教養と専門的能力を培うとともに、深く真理を探究して新たな知見を創造し、これらの成果を広く社会に提供することにより、社会の発展に寄与するものとする。」と明記されている。したがって、大学教育の使命の１つ目は「知識の創出」を通じて広く人材を育成すること、２つ目は最先端の研究活動によって「知識の創出」や「知的体系の構築」などを図り真理を探究すること、３つ目は「知識の社会発信」、「産官学連携」、「政策提言」など、社会貢献を果たすことである。

　知的体系は、「知的好奇心」、「既知」、「知見」、「見識」などが経験を通じて、相互に関係付けられた状態のものである。例えば、パソコンの「フォルダ１」と「フォルダ２」、あるいは「フォルダ１」とその中の各「ファイル」などが相互に関係付けられていて、必要とする情報をいつでも取り出し、活用できるように体系付けられたものと言うことができる。

　新たな「知識の創出」に際して、「既知」や「知見」として体系付けられている「知識」の中から何を引き出すかを、判断しなければならない。つまり、体系化された「フォルダ」や「ファイル」から引き出す「情報」は何かを判断するということである。判断に当たっては、判断の根拠やファイルなどの価値は何かを明確にすることが必要である。それを決めていくものが個々の「価値観」である。

　知的体系は児童生徒、大学生、社会人にあっても、経験の積み重ねによって、順次個性的に創られていく。

　価値観は、何が大事で何が大事でないかという判断、ものごとの優先順位付

け、ものごとの重み付けなどを示す概念であるが、個々によって大きく異なる。

　最近は急激な社会変革の中で、人々の価値観は多様化し、学校教育の在り方を問われることが多くなってきている。これまでの価値体系が崩壊してきているともいえる。しかし、一方では、その価値体系の崩壊に気付きながら、新たな価値体系が創出されているようにも考えられる。その１つの例として、2011年３月11日の東日本大震災後に、多くの人々が、「"生命"や"絆"の大切さを実感した。」ということが挙げられる。今、「生命」や「絆」を重要な「価値」として捉えている人々が多くなっていると考えられる。

　「生命」について、例えば「生命を生き物が生きている状態」と判断して結び付ければ「生物」としての「価値観」を問うことになる。一方、「生命とは何か」について「価値観」を問うことになれば、「生命観」として考えていかなければならない。

　このように、目的を達成していく選択判断をする基準が「価値観」である。したがって、児童生徒、大学生にとって、価値観は多種多様であるが、それらはバラバラなものではなく、相互に関わりをもって体系付けられたものにしていくことが「価値体系の創出」である。価値体系も、知的体系と同じように、経験の積み重ねによって、順次個性的に創られていく。

　「価値体系」は、新しい経験を重ねていく過程で、「新しい価値観」を創出したり、知的体系と関わったり、分化・総合したりしながらより確かなものになっていくと考えられる。

　授業においては、知的体系や価値体系を自分のものとして、創りあげていくことが重要である。

　知識基盤社会を生き抜くためには、「知的体系と価値体系」の構築がますます重要である。

◆ 参考・引用文献

1　我が国の高等教育の将来像（中央教育審議会：2005年）
2　学校設置基準（文部省令）
3　QS2018年 TOP100 世界ランキング
4　「21世紀の大学像と今後の改革方策について」（大学審議会の答申　1998年10月）

2 学校における食育の推進充実と安全な給食
― 食物アレルギーに対する教職員の危機意識を高めよう ―

はじめに

　我が国は戦後の高度成長により国民の生活水準が著しく向上し、かつての食糧難と言われた時代から、食べ残しや食品廃棄物の増大が問題となるような「飽食」の時代を迎えた。このような状況の中で、偏った栄養摂取や朝食欠食、食生活の乱れや肥満・瘦身傾向など、児童生徒の健康を取り巻く問題が深刻化している。

　こうした現状を踏まえ、文部科学省（以下「文科省」という）は、2005（平成17）年7月に食育基本法、2006（平成18）年3月に食育推進基本計画を制定した。これを受けて、地方自治体においても、2006（平成18）年11月～2012（平成24）年3月までに「食育推進計画」を策定した。

　ところが、2012（平成24）年12月22日、東京都調布市の小学校で、食物アレルギーを有する児童が、給食終了後亡くなるという事故が起きた。死因はアナフィラキシーショックの可能性が高かった。この学校では9月下旬にも卵アレルギーのある1年生の児童がアレルギー反応を起こし、救急車で病院に搬送されていた。

　これらの事故を真摯に受け止め、「学校の管理下における食物アレルギーへの対応」、「食育の推進」、「食物アレルギーマニュアルの作成」などについての見解を記述する。

1．学校給食の歴史

　日本最初の学校給食は、1889年山形県鶴岡町（現鶴岡市）の私立忠愛小学校だと言われている。貧困児童を対象にし、昼食を与えたのが学校給食の始まりのようである。その後、各地で一部の児童に対して、欠食児童対策としてパンなどが一部の学校で配られるようになった。

1932年、文部省訓令第18号「学校給食実施の趣旨徹底方並びに学校給食臨時施設方法」が定められ、初めて国庫補助による貧困児童救済のための学校給食が実施されるようになった。しかし、1943年頃に入ると食糧事情悪化のために中断された。
　1946年12月11日、文部、厚生、農林三省次官通牒「学校給食実施の普及奨励について」が出され、戦後の学校給食の方針が定まった。そして、同年12月24日、東京都、神奈川・千葉県で試験学校給食が開始された。
　1949年10月、ユニセフから脱脂粉乳の寄贈を受け、ユニセフ給食が開始された。その後、1954年6月3日、第19国会において学校給食法が成立し公布された。同年中に学校給食法施行令、施行規則、実施基準なども定められ、学校給食法の実施体制が法的に整い、給食は教育の一環として、食事についての正しい理解や望ましい習慣を育み、学校生活を豊かにし、明るい社交性を養うことなどを目的に、全国で行われるようになった。

2．食育の推進について

(1) 食育基本法の成立

　2005（平成17）年6月10日、食育基本法が成立し、2005（平成17）年7月15日に施行実施された。この法律は、国民が生涯にわたって健全な心身を培い、豊かな人間性を育むことができるよう、食育に関する施策を総合的かつ計画的に進めることを目的に制定された。
　食育基本法には、「食育」について次のように記述されている。
① 生きる上での基本であって、知育、徳育及び体育の基礎となるべきもの。
② 様々な経験を通じて「食」に関する知識と「食」を選択する力を習得し、健全な食生活を実践することができる人間を育てること。

　「食育」は単に、健康に暮らすために食べるということにとどまらず、食を通じたコミュニケーション、食への感謝、環境との調和、食文化の尊重など、幅広い要素から成り立っている。

（2）食育推進基本計画

　食育推進基本計画は、食育基本法に基づき、食育の推進に関する施策の計画的な推進を図るため、基本的な方針や目標について定めたものである。

　2006（平成18）年3月に決定された最初の計画期間が2010（平成22）年度末に終了し、今回新たに2011（平成23）年度から2015（平成27）年度までの5か年を期間とする「第2次食育推進基本計画」が定められた。

3．第3次食育推進基本計画の概要

　2016（平成28）年度から5年間を期間とする第3次食育推進基本計画がスタートした。食育推進基本計画は、食育基本法に基づき、食育の推進に関する基本的な方針や目標について定めている。5つの重点課題を柱に、取組と施策を推進していくことになる。

（1）重点課題
　① 若い世代を中心とした食育の推進
　② 多様な暮らしに対応した食育の推進
　③ 健康寿命の延伸につながる食育の推進
　④ 食の循環や環境を意識した食育の推進
　⑤ 食文化の伝承に向けた食育の推進

（2）食育推進の目標
　食育の推進の目標に関する事項（目標値：2021年3月までの達成を目指す）には、15項目が示されている。ここでは、以下に示す項目についてのみ記述する。
　④ 朝食を欠食する国民を減らす（「現状値」子供4.4%→「目標値」0%）
　⑤ 中学校における学校給食の実施率を上げる
　　　（「現状値」87.5%→「目標値」90%以上）
　⑫ 食品ロス削減のために何らかの行動をしている国民を増やす
　　　（「現状値」67.4%→「目標値」80%以上）
　⑭ 食品の安全性について基礎的な知識を持ち、自ら判断する国民を増や

す(「現状値」国民72.0%→「目標値」80%以上)

4. 食物アレルギーを有する児童生徒の増加

　文科省の調査(平成16年現在)によると、全国の小・中・高校生のアナフィラキシー患者は約1万8,000人である。
　2011(平成23)年3月、独立行政法人日本スポーツ振興センター学校災害防止調査研究委員会第二部会の調査研究報告書「学校の管理下における食物アレルギーへの対応」には、「学校の管理下における食に関する災害事例のうち学校給食における食物アレルギー事例件数が平成17年度から20年度で804件発生している。学校給食における食物アレルギーの災害事例のうち、死亡事故につながる重篤なアナフィラキシー事例が多数。」と報告されている。
　このように、近年、生活環境や食生活の変化に伴い、食物アレルギーを有する児童生徒が増加し、全国各地において、学校給食による食物アレルギーが要因の事故が多発している。
　食物アレルギーは生命に関わる疾患である。教職員の緊急時の対応や児童生徒のアレルギー症状の予防など、食物アレルギーに関する対応策を十分に講じておかなければ、児童生徒の安全確保は難しい。

5. 学校の管理下における食物アレルギーへの対応

　特定の児童生徒に生じる食物アレルギーによる健康障害には、軽度のものから生命に関わる重篤なものまで多種多様である。食物アレルギーの中で最も重篤で生命の危険を伴うことのある「アナフィラキシー」の対応については、教育委員会、学校、家庭において、十分に配慮していかなければならない。
　学校給食は、成長期にある児童生徒の心身の健全な発達や、「食の大切さ」「食事の楽しさ」などを理解するための食育としての役割を担っている。したがって、食物アレルギーを有する児童生徒も他の児童生徒と同様に学校給食を楽しむことができるよう、食物アレルギー対応の充実を図ることが求められている。
　学校では、児童生徒が食物アレルギーの正しい知識と対応を身に付ける指導

の徹底を図らなければならない。また、食物アレルギーのある児童生徒の視点に立った取組を推進することが必要である。

(1) 食物アレルギーとは
　一般的には特定の食物を摂取することによって、皮膚・呼吸器・消化器あるいは全身に生じるアレルギー反応のことをいう。食物アレルギーを起こす原因食物は多岐にわたる。児童生徒では、鶏卵と乳製品だけで全体の約半数を占める。また、給食で起きた食物アレルギー発症事例の原因食物は、甲殻類（エビ、カニ）や果物類（特にキウイフルーツ）が多くなっている。

(2) アナフィラキシーとは
　アレルギー反応により、じんましんなどの皮膚症状、腹痛や嘔吐の消化器症状、呼吸困難に及ぶ呼吸器症状などが、複数同時にかつ急激に出現した状態をアナフィラキシーと言う。その中でも、血圧が低下して意識の低下や脱力を来すような場合を、特に、アナフィラキシーショックと呼び、直ちに対応しないと生命に関わる重篤な状態になる。

(3) アナフィラキシーショックへの対応
　2013（平成25）年1月26日のマスコミ各紙は、2012（平成24）年12月22日に東京都調布市の小学校で起きた事故の状況を「養護教諭が救急車を要請。女児は立てない状態で、約10分後に校長がエピペンを打ったが、間もなく到着した救急隊員から"心肺停止"を告げられた。」また食物アレルギーに詳しい昭和大学医学部の今井孝成講師はエピペンについて、「呼吸困難などの重い症状が出たら迅速に注射すべきだ。副作用は小さいので、迷ったら打てと指摘し、児童100人に2人程度の割合で食物アレルギー患者がおり、どこの学校で事故が起きてもおかしくないと注意を呼び掛けている。」などと報じた。
　これらの報道のように、学校で実際に事故が起きた場合、具体的に何をどのような手順でどうすべきか、学校の危機管理として、そのマニュアルを早急に作り上げておくことが必要である。

（4）エピペン注射

　エピペンは、食物や薬物などによるアレルギーを治療する薬剤ではなく、アナフィラキシーの症状を緩和するために、自己注射する補助治療剤である。エピペンには、アナフィラキシー発現時の治療に用いられるアドレナリンの薬液と注射針が内蔵されている。

　オレンジや黒色の先端を太ももの外側に強く押し付けるだけで、バネの力により一定量（約 0.3ml）の薬液が筋肉内に注射される仕組みになっている。

　アナフィラキシーを起こす食物アレルギーの児童生徒を抱える学校では、エピペンを常備し、アナフィラキシー発症の際に医療機関へ搬送されるまでの症状悪化防止に役立てるようにすることが必要である。

　2008（平成20）年4月25日、文科省は、学校がアレルギー疾患の児童生徒にどう対応すべきかをまとめたガイドラインを公表した。そして、食べ物などが原因で起きる急性アレルギー反応「アナフィラキシーショック」に対処する自己注射を、本人に代わって教職員らが打つことは医師法に違反しないとする初めての見解を示した。

　エピペン注射は2種類あるが、これはアドレナリンの濃度の違いである。おおよそであるが、0.15mg のものは体重 15kg 未満、0.3mg のものは体重 30kg 以上のアレルギー体質の人に処方する。

6．食物アレルギーマニュアルの作成

　2012（平成24）年12月26日、文科省は、各都道府県教育委員会（以下「教委」という）学校給食主管課など宛に「学校給食における食物アレルギー等を有する児童生徒などへの対応等について」の事務連絡を出した。その内容は、「食物アレルギー等を有する児童生徒等に対しては、校内において校長、学級担任、養護教諭、栄養教諭、学校医等による指導体制を整備し、保護者や主治医との連携を図りつつ、可能な限り、個々の児童生徒等の状況に応じた対応に努める。」と記述されている。

　学校では、食物アレルギーに対する指導や食物アレルギーを有する児童生徒への対応についての指導体制を確立しておかなければならない。

Ⅰ　学校経営・学校運営　　19

学校において「食に関する全体計画」は、文科省が作成した「食に関する指導の手引－第1次改訂版－」(平成22年3月)に基づいて、作成するようにしたい。

(1) 食物アレルギー対応委員会の設置と管理体制の整備
　食物アレルギー対応が必要な児童生徒のために、関係教職員などで学校の実情に応じた「食物アレルギー対応委員会」を組織することが必要である。
　食物アレルギー対応委員会の構成は、校長、副校長(教頭)、学級担任、養護教諭、給食主任、栄養教諭、学校医、学校薬剤師などとし、指導体制を図るとともに、各自の役割を明確にしておくことが重要である。
　食物アレルギー対応委員会の開催は定例化し、対象児童生徒の状況把握、食物アレルギーやアナフィラキシーショックなどが起きた場合の対処方法や問題点を常に検討し、情報を共有化し、事故が起きた時、迅速に対応できるようにしておかなければならない。

(2) 食物アレルギーを有する児童生徒の実態把握
　食物アレルギーを有する児童生徒は、アレルギー原因食品や症状の程度が一人一人異なる。そのため、全児童生徒を対象に「食物アレルギー調査」を、まず実施することが必要である。
　① 就学時健康診断等での把握
　　就学時健康診断実施の通知の際、「食物アレルギーに関する調査票」、「同意書」、「診断書兼学校管理指導書(アレルギー疾患用：医師の診断による証明・押印が必要)」などを、保護者へ配布し、就学時健康診断時に提出するよう依頼する。
　　上記の「食物アレルギーに関する調査票」等の書類は、教委で作成し、学校を通して保護者へ配布することになっている。教委から学校に配布されていない場合は、学校で作成することになる。その場合、教委に問い合わせれば、調査票等の書式は分かる。地方自治体は国の方針に基づいて、「食育推進基本計画」を策定することになっているからである。また、日本学校保健会が作成した「学校のアレルギー疾患に対する取組ガイドライン」も活用す

ると参考になる。
② 幼稚園・保育園等からの情報収集
　必要に応じ、入学前に幼稚園・保育園等での具体的な対応方法について保護者からの同意を得た上で情報収集に努める。
③ 在校生の場合
　変更がない場合は、「食物アレルギーに関する調査票」等を確認する。必要に応じ、学級担任、養護教諭、栄養教諭と共に、保護者との面談を行い、学校給食での対応について協議する。

(3) 食物アレルギーを有する児童生徒の保護者との面談

　食物アレルギーがあると回答した児童生徒の保護者との個別面談を行い、対象児童生徒のアレルギーに関する具体的な情報や保護者の希望を把握すると同時に、学校側の状況を保護者に理解してもらい、適切な対応を検討する基礎資料を作成することが重要である。児童生徒の食物アレルギーについては、主治医や学校医の診断書に基づいて正確に把握しておくことが必要である。

(4) 食物アレルギー対応食

　学校給食での食物アレルギー対応食の基本的な実施方法は、医師の診断を基に、必要に応じて保護者との面談を実施し、児童生徒の健康状況、給食施設内の諸条件を勘案した上で決定するようにする。
　食物アレルギー対応食については、下記の方法があるが、児童生徒一人一人の症状に応じて、また、心身の成長に併せて適切な対応が必要である。
① 除去食
　調理の段階や調理後に、アレルギーの原因食品を取り除いた料理の提供。
② 代替食
　除去により不足した栄養を補うために、別の食品を使用した料理の提供、その際、栄養価や見た目にできる限り差が出ないよう、使用食品や調理方法を検討する。また、加工食品を使用する際は、原材料にアレルギー原因食品が含まれていないかどうかを確認して提供する。

Ⅰ　学校経営・学校運営

（5）アレルギー対象の食品を確認

　2013（平成25）年1月26日、マスコミ各紙は、東京都調布市の小学校の事故について、「担任教諭は女児が保護者から渡された献立表の食べられない料理にピンクの線が引かれていたが、"じゃがいものチヂミ"には線がなかったため、お代わりをしてしまった。」「栄養教諭から渡された除去食一覧書には、"じゃがいものチヂミ"にはお代わりができないと×で示されていた。」などと報じた。担任教諭のチェックが不十分であったと言わざるを得ない。この状況から、保護者と栄養教諭などが毎月、給食のアレルギー対象の食品を確認し、アレルギーを有する児童生徒が食べられない食品には×印等をつけた献立表を全教職員に渡し注意を促すこと、そして、アレルギーを有する児童生徒を担任している教諭には、必ずチェックすることを義務付けることが必要である。

（6）緊急時の対応

　アナフィラキシーショックを一度でも発症したことがある場合は、より迅速な判断と処置が必要となる。アナフィラキシーショックの有無、保護者との緊急時の連絡方法、主治医や搬送する医療機関等の情報を事前に把握する等緊急時を想定した体制を整備しておくことが最も重要である。緊急時には下記の点について留意して対応することが必要である。

①　対応方法

　食物アレルギー反応には段階がある。それぞれの基本的な症状と対処法を把握し児童生徒の状態を観察しつつ迅速に対応する。該当の児童生徒から目を離さず、症状の急激な変化にも最大限注意する。

②　指揮系統

　保護者・主治医（学校医）・医療機関への連絡、校内・調理室への対応、周囲の児童生徒の指導など、役割分担や指揮系統も明確にし、迅速に対応できる体制を確立しておく。

③　該当児童生徒への対応

　該当児童生徒と接する教職員は、児童生徒の健康状態を観察し、精神的な面に配慮しながら、不安や動揺を与えないように冷静に対応する。

④　医師との連携

食物アレルギーの対応は、主治医や学校医に指導助言を受けるなど、可能な限り連絡体制を整え、緊急時に支障をきたさないように努める。
⑤　周囲の児童生徒への対応
　周囲の児童生徒には、不安や動揺を与えないように冷静に対応する。日頃より、食物アレルギーを含めてアレルギーに対する理解を深めるよう、アレルギーを有する児童生徒に配慮した指導をする。
⑥　教職員の役割
　食物アレルギーの対応のために、それぞれの職務に応じて、連携を図り組織全体で対応する。また、「食物アレルギーに関する調査票」、「同意書」、「診断書兼学校管理指導書（アレルギー疾患用）や「エピペン注射」の保管を含めた管理については、管理責任者を定めて対応する。
⑦　事後処理的危機管理
　事件や事故に対しての対応がまずければ、報道機関や市民団体や住民が抗議の対象にするものもある。記事、投書、抗議、ビラ、面会強要、訴訟など多様な方法がとられている。
　これらは全て学校にとっての危機である。事件や事故が起きた場合、素早く対応し、危機を最小限にするための事後処理的危機管理についても確立しておくことが重要である。

3　特別支援教育の充実を図ろう

はじめに

　全国の公立小中学校で、発達障害により「通級指導」を受けている児童生徒が初めて9万人を超えていることが、文部科学省（以下「文科省」という）の調査（平成27年度）で分かった。前年度比6,355人増である。調査を始めた平成5年度との比較では7.4倍増である。
　一方、発達障害を抱える人やその家族への支援を行う専門機関「発達障害者支援センター（以下「センター」という）」に寄せられた相談件数が昨年度、7万4,000件を超え、過去最多となったことが厚生労働省（以下「厚労省」という）のまとめで分かった。
　学校においては、通常の学級に在籍する児童生徒の中に、発達障害があると思われる児童生徒の実態を明らかにし、的確な指導・支援を行うことによって、特別支援教育の充実を図っていく必要がある。
　特別支援教育の充実を図るために、「発達障害」、「発達障害の分類」、「知的な遅れ（知的障害）」について記述するとともに、「特別支援教育の推進」、「発達障害者支援センターの役割」、「卒業後の自立支援」などについての見解を記述する。

1．発達障害

　近年、障害者基本法の一部を改正する法律や、障害者差別解消法の施行など、法整備が進められる中で、発達障害者支援法の一部を改正する法律（以下「改正法」という）が、2016（平成28）年5月に成立し、同年8月1日から施行された。
　改正法第一条の目的には、「切れ目なく発達障害者の支援を行うこと」「発達障害者が基本的人権を享有する個人としての尊厳にふさわしい日常生活又は社

会生活を営むことができるよう」「全ての国民が、障害の有無によって分け隔てられることなく、相互に人格と個性を尊重し合いながら共生する社会の実現に資する。」などの文言が加筆された。

　また、改正法第二条の定義において、発達障害は「自閉症、アスペルガー症候群その他の広汎性発達障害、学習障害、注意欠陥多動性障害その他これに類する脳機能の障害であってその症状が通常低年齢において発現するものとして政令で定めるものをいう。」としているが、改正法第二条の二に「発達障害及び社会的障壁により日常生活又は社会生活に制限を受けるものをいい、発達障害児とは、発達障害者のうち18歳未満のものをいう。」と明示された。

　さらに、今回の改正法では、第二条の二として、基本理念が新設されるとともに、改正法第八条の教育では、「その年齢及び能力に応じ、かつ、その特性を踏まえた十分な教育」を提供するため、個別の教育支援計画の作成及び個別の指導に関する計画の作成の推進、いじめ防止等のための対策の推進その他の支援体制の整備などが明確に求められている。

２．発達障害の分類

　発達障害は、乳幼児期には言葉の遅れや落ち着きのなさなど、発達の偏りとして現れる。その後、成長とともに集団活動や対人関係の難しさなどにつながることがある。また、発達障害には知的な遅れを伴うことがあるともいわれている。主な発達障害とそれぞれの「障害の特性」は、左記の図のように分類されている。

▼図　それぞれの障害の特性（出典：厚労省）

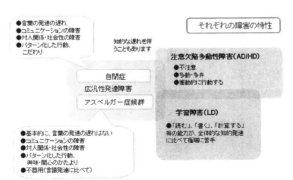

　左図で、障害が重なり合う部分は、境界性のないひとつながりの状態（スペクトラム：連続体）であるとも言われている。

　このほか、トゥレット

症候群や吃音（症）なども発達障害に含まれる。
　（参考）発達障害に関連して使われることがある用語
　　　・高機能：知的な遅れを伴わないこと
　　　・自閉症スペクトラム障害（ASD）：広汎性発達障害とほぼ同義
　　　・発達凸凹：「障害」という言葉を使わず、表現するもの
　　　・トゥレット症候群：まばたきや顔しかめ、首振りのような運動性チック表情や、咳払い・鼻すすり・叫び声のような音声チックを症状とするもの

（1）広汎性発達障害

　広汎性発達障害は、コミュニケーションと社会性に障害があり、限定的・反復的な行動が特徴として分類される発達障害のグループである。このグループには自閉症、アスペルガー症候群のほか、レット障害、小児期崩壊性障害、特定不能の広汎性発達障害などがあると言われている。

① 自閉症

　自閉症スペクトラムは先天的な発達障害で、「社会性と対人関係の障害」、「コミュニケーションや言葉の発達の遅れ」、「行動や興味の偏り」などの特徴が発達段階で現れる。文科省によると、自閉症は3歳位までに現れ、「他人との社会的関係形成の困難さ」、「言葉の発達の遅れ」、「興味や関心が狭く特定のものにこだわる特徴をもつなどの行動の障害であり、中枢神経系に何らかの要因による機能不全があると推定される。」とされている。

② アスペルガー症候群

　アスペルガー症候群は、「社会的に適切に振る舞うことの難しさ」、「コミュニケーションを円滑にすることの難しさ」、「こだわりが強く柔軟に想像・思考することの難しさ」などの特徴があると言われている。

（2）学習障害（LD）

　学習障害は、主に識字障害（読みの困難）、書字表出障害（書きの困難）、算数障害（算数、推論の困難）の3つに分類される。「聞く」、「話す」、「読む」、「書く」、「計算する」という5つの能力の全てに必ず困難があるのではなく、一部

の能力だけに困難がある場合が多いと言われている。読む能力はあっても書くのが苦手、他の教科に問題はないが、算数だけは理解ができないなど、ある特定分野に偏りが見られる。

① 識字障害

識字障害には「見た文字を音にするのが苦手」という症状がある。その原因は、情報を伝達し処理する脳の機能がスムーズに働いていないことだと考えられている。また、音韻認識が弱く、ひらがなやカタカナの１つずつは理解していても、漢字（単語）になると理解ができなくなってしまうこともあるとも言われている。

② 書字表出障害

「文字が書けない」、「書いてある文字を写せない」などの書く能力に困難がある。文字が読めるにもかかわらず書けない場合もあると言われている。

③ 算数障害

数字や数式の扱いや、考えて答えにたどり着くことが苦手な状態を算数障害と呼んでいる。算数の学習を始めてから発見される場合がほとんどである。

（３）注意欠陥多動性障害（ADHD）

注意欠陥多動性障害は、不注意、多動性、衝動性などの特徴がみられる障害だといわれている。幼児であればこれらの要素は誰にでも見られるものなので、周囲から理解されにくく、乱暴者や親のしつけができていない子供などと誤解を受けてしまうケースが多い。ADHD には、行動、特徴、症状などの違いによって、「不注意優勢型」、「多動性・衝動性優勢型」、「混合型」などに分類している精神科医もいる。

３．知的な遅れ（知的障害）

知的な遅れは、そのほとんどが発達期（18歳未満）で生じるとされていて、病因等は不明と言われている。出生時のトラブルや乳幼児期後遺症、染色体の分離や交叉の機能不全のように病因等が分かっているものもある。

知的障害という名称は、学校教育法や児童福祉法等の法律で使用されている

が、知的障害がどのような状態を指すのかという定義はない。しかし、知的障害者（児）の療育手帳制度（厚生事務次官通知）において、都道府県が交付要綱を定め、知的障害の程度の判定基準を作成している。

東京都の知的障害（愛の手帳）判定基準表では、判定基準の項目の１つである知能測定値があり、標準化された知能検査、社会生活能力検査又は乳幼児の精神発達検査を用いた結果、算出された知能指数及びそれに該当する指数について、１度（最重度）19 以下、２度（重度）20 ～ 34、３度（中度）35 ～ 49、４度（軽度）50 ～ 75 の程度別に判定するようにしている。

軽度の上位層の児童生徒は周囲から見えにくく、気付かれにくいこともある。都道府県によって、判定基準に差異があるという声も聞かれている。

４．特別支援教育の推進

2011（平成 23）年５月１日現在、義務教育段階において特別支援学校及び小中学校の特別支援学級の在籍者、並びに通級による指導を受けている児童生徒の総数の占める割合は約 2.7％ となり、特別支援学校や特別支援学級に在籍している幼児、児童生徒が増加する傾向にある。

したがって、特別支援学校においては、在籍児童生徒に対して適切な教育を行うほか、障害のある児童生徒の支援をさらに充実していかなければならない。

それには、現職教員の研修の受講等により、基礎的な知識・技能の向上を図る必要があるが、全ての教員が多岐にわたる専門性を身に付けることは極めて困難である。したがって、必要に応じて外部人材の活用も行い、学校全体としての専門性を確保していくことが重要である。

特別支援学校の担当教員は、特別支援教育の重要な担い手であり、その専門性が校内の他の教員に与える影響も極めて大きい。そのため、担当教員としての専門性を早急に身に付けるとともに、児童生徒一人一人に寄り添った支援ができる心の豊かさも培っていかなければならない。

（１）特別支援学校

特別支援学校が発足してから 10 年が経過した。

東京都立特別支援学校長会会長朝日滋也校長は、東京都教育会会報第132号において、「発達障害に対する認知度が進み、支援の必要な児童生徒への理解と具体的な支援が全ての学校で検討されるようになりました。」と記述しているように、複数の障害がある幼児、児童生徒の教育ニーズに応えたり、自立を促したりするために必要な支援が充実し、進展していると考えられる。
　一方、より早期からの専門的な助言援助を希望する保護者の要望に対して、関係機関の一層の努力が必要である。

（2）特別支援教室（小学校）

　東京都においては、特別支援教室を平成28年度から導入を開始し、平成30年度までに全ての公立小学校に「特別支援教室」を設置し、各小学校で発達障害の状態に応じた特別な指導が受けられる体制を整えることになっている。そのため、各区市町村には、「特別支援学級の拠点校」が設置されている。通常の学校に在籍する児童生徒への支援体制を強化するためである。特別支援教室担当教員が各小学校を巡回し、学級担任と連携し、児童の教育ニーズに即した個別指導や小集団指導を実施する。
　各学校には、特別支援教室専門員（非常勤職員）が、校内の連絡調整、児童の行動観察や記録、学習支援を行う。

① 指導対象児童
　指導対象児童は、週に1～8時間、校内に設置された特別支援教室へ特別な指導を受けに行く。

② 巡回指導教員
　巡回指導教員は、特別支援教室で対象児童の指導をするとともに、在籍学級での支援も行う。

③ 臨床発達心理士等
　各小学校を巡回する臨床発達心理士等は、基本的には児童に対する指導上の配慮について、巡回指導教員や在籍学級の担任等への助言を行う。具体的な巡回指導体制等は、各区市町村教育委員会がその実情に応じて決定することになっている。

（3）特別支援教室（中学校）

　全ての中学校においても、特別支援教室を平成30年度以降、準備の整った区市町村から順次導入し、3年後までに全校への導入を完了する計画になっている。また、発達障害の程度が重度の児童生徒の教育ニーズに対応するため、自閉症・情緒障害特別支援学級の増設も進められている。

　一方、文科省をはじめ、各教育委員会は、特別支援教育に携わる教員や優れた人材の育成、特別支援教員定数の拡充、予算面での支援などを通じて、特別支援学校、特別支援学級の充実を図るとともに、発達障害者と健常者が共生できる未来社会を創り上げていくことが重要である。

5．発達障害者支援センターの役割

　発達障害児（者）支援については、2005（平成17）年4月に施行された「発達障害者支援法」に基づき、乳幼児期から成人期までの各ライフステージに対応した支援の推進を図ってきた。センターの役割は大きく分けて4つある。

（1）相談支援

　発達障害児（者）とその家族、関係機関等から日常生活での様々な相談（コミュニケーションや行動面で気になること、幼稚園・保育園等や学校、職場で困っていること）などに応じる。また、必要に応じて、福祉制度やその利用方法、保健、医療、福祉、教育、労働などの関係機関への紹介も行う。

（2）発達支援

　発達障害児（者）とその家族、周囲の人の発達支援に関する相談に応じ、家庭での療育方法についてアドバイスを行う。また、知的発達や生活スキルに関する発達検査などの実施、発達障害児（者）の特性に応じた療育や教育、支援の具体的な方法について支援計画の作成や助言を行うこともある。その際、児童相談所、知的障害者更生相談所、医療機関などと連携を図る。

（3）就労支援

　就労を希望する発達障害者に対して、就労に関する相談に応じるとともに、公共職業安定所、地域障害者職業センター、障害者就業・生活支援センターなどの労働関係機関と連携して情報提供を行う。必要に応じて、センターのスタッフが学校や就労先を訪問し、障害特性や就業適性に関する助言を行うほか、作業工程や環境の調整などを行うこともある。

（4）普及啓発・研修

　発達障害をより多くの人に理解してもらうために地域住民向けの講演会の開催、発達障害の特性や対応方法などについて解説した分かりやすいパンフレットやチラシなどを作成し、保健、医療、福祉、教育、労働だけでなく、交通、消防、警察などの公共機関や一般企業などに配布することもある。また、普段から発達障害を支援する保健、医療、福祉、教育、労働などの関係機関の職員や、都道府県及び区市町村の行政職員などを対象に研修を行う。

6．特別支援学校卒業後の自立支援

　2017（平成29）年9月19日、マスコミ各紙は、「文科省は、特別支援学校を卒業した18歳以上の障害者の自立を支援するため、集団での体験学習やスポーツ・文化活動による地域交流を通じたプログラム開発に着手する。」という内容の記事を報じたように、文科省は、平成30年度、障害者支援に積極的に取り組む自治体や大学などに自立支援のモデル事業を委託し、成果や課題を分析して全国への普及を目指すようである。

　障害者が、学校卒業後もその生涯を通じて教育やスポーツ、文化等の様々な活動に参加し親しむことは、非常に重要な自立支援につながると考える。

　自立支援に積極的に取り組む自治体や大学等が連携できる環境を形成し、福祉・労働行政機関、企業等との組織的ネットワークの構築を図るとともに、支援手法の開発・調査、研究等を行い、それらの成果を現場への普及・共有を図っていくことが重要である。

　乳幼児期から青年期の社会参加までの切れ目のない支援体制の整備、継続的

に発達支援・相談等を行う体制の整備、特別支援教育専門家等配置、特別支援教育の体制整備の推進を図ることが、今、最も重要な懸案であると考える。

◆ 参考・引用文献
1 「通常の学級に在籍する発達障害の可能性のある特別な教育的支援を必要とする児童生徒に関する調査結果」(文科省)
2 発達障害者支援施策 (厚労省)
3 「発達障害の理解のために ―代表的な発達障害― それぞれの障害の特性」(厚労省)
4 「10年目の節目を迎える特別支援教育」(東京都教育会会報 第132号)
5 「東京都発達障害教育推進計画」の策定について

4　非正規教員の業務や給与を改善し　　　　学習活動の充実を図ろう

はじめに

　全国の公立小中学校には、正規教員として採用された教員のほか、非正規教員で任用された常勤講師や非常勤講師が勤務している。

　平成13年度後半以降、マスコミは非正規教員に関する事項を報道するようになった。それが平成17年度になってからは、非正規教員の給与や業務に関する改善すべき問題についての指摘が多くなった。

　近年、非正規教員の実数及び教員総数に占める割合は増加傾向にある。非正規教員の増加の要因には、教職員定数の基準をそのままにして、正規教員の退職補充などを非正規教員で補うことに頼ってきた都道府県・政令市の教育委員会（以下「教委」という）の任用制度に原因があると考える。

　非正規教員の割合が過度に増加すると、学校運営や教育内容の質の維持・向上面で問題が生じる可能性が高くなる。増加する非正規教員を正規教員に昇格させる施策を早急に進めなければ、我が国の教育は衰退しかねない。

　非正規教員の現状に基づいて、「非正規教員の増加・非常勤教員の推移」等について記述するとともに、「正規採用教員と非正規教員の格差の改善」、「非正規教員の給与の改善」、「非正規教員の研修と学習活動の充実」などについての見解を記述する。

1．教職員定数の基準改正による非正規教員の増加

　文部科学省（以下「文科省」という）は、公立小中学校の学級規模と教職員配置の適正化を図るため、学級編制及び教職員定数の標準について、「公立義務教育諸学校の学級編制及び教職員定数の標準に関する法律」を1958年に制定し、その後第7次まで改正した。その経緯は34ページの表の通りである。

▼ 表-1　公立小中学校の学級編制の標準の改善経緯

区　分	第1次 S34～S38	第2次 S39～S43	第3次 S44～S48	第4次 S49～S53	第5次 S55～H3	第6次 H5～H12	第7次 H13～H17
学級編成の基準	50人	45人	45人	45人	40人	40人	40人

　国は、「義務標準法」（昭和33年制定）によって、教職員の定数を決め、教委が負担する教職員給与の1／3を負担している。当初は、義務教育費国庫負担金の国の負担率は、1／2であったが、平成14年6月の閣議決定「骨太の方針」により、国庫補助負担金改革、税源移譲及び地方交付税の見直しを図る「三位一体改革」によって、「義務教育費国庫負担法」（平成18年）が改正され、国の負担率は現行の1／3に引き下げられた。

　2001（平成13）年には、「義務標準法」が改正された。学級編制の弾力化により、国の標準を下回る35人学級編制を基準にするといった弾力的な運用が可能になった。そのため、教員定数も増加することになった。しかし、その増加数の補充や正規教員に欠員が出た場合には、非正規教員の任用によって補う教委が増えてきた。このことが非正規教員増加の最大要因である。

　2017（平成29）年10月、総務省は公立小中学校に非正規教員で任用されている常勤講師や、市町村などの事務補助等の非正規公務員ら約64万人について、実態調査を行うよう全国の自治体に指示した。

2．非常勤教員の推移

　公立小中学校には教員免許状を所有し、教員採用試験に合格した正規教員と教員免許状は所有しているが、教員採用試験に合格していない非正規教員が児童生徒の指導を行っている。非正規教員は常勤講師と非常勤講師に分けられる。

　35ページの図-1は、公立小中学校の正規教員と非正規教員の推移である。平成17年度の非正規教員は8万4千人で教員全体の12.3％を占めていたが、平成24年度は11万3千人で16.0％を占めるまでになった。

　学級編制については、平成13年度以降、教委が児童生徒の実態を考慮して、

▼ 図-1　公立小中学校の正規教員と非正規教員の推移（出典：文科省）

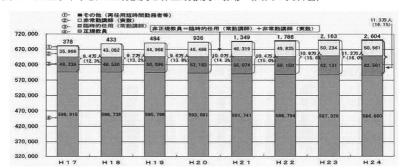

特に必要があると認めた場合には、国の標準を下回る学級編制基準の弾力化が図られ、非正規教員を活用してよいことになった。また、平成16年度からは、教委の裁量権が拡大されたこともあり、一挙に非正規教員の活用が広がった。少人数指導や複数教員によるティーム・ティーチングなど、弾力的な指導を推進するには、期限付き任用の非正規教員のほうが何かと融通が効いて便利であると考えたからであろう。

また、地方自治体の財政状況が悪化するにつれて、次第に正規教員の代わりに非正規教員を任用して人件費を抑制しようという動きも顕著になってきた。

3．都道府県における正規教員と非正規教員の占める割合

教員定数内の非正規教員配置率は、都道府県ごとに差異がある。平成23年度における教員定数の標準に占める非正規教員の割合は、全国平均で7％である。都道府県別に見ると、非正規教員の割合には、ばらつきがあり、過度に非正規教員の割合が高い県も見られる。財政に余裕のある東京都は全国で唯一、正規教員で教員定数を満たしている。しかし、正規教員の割合が低い沖縄県は、正規教員配置率が82.5％であるのに対し、非正規教員配置率は17.5％である。沖縄県の公立小中学校の学級担任を受け持つ教員のうち、5～6人に一人は非正規教員ということになる。

非正規教員の割合が高い道府県は、沖縄県のほかに、三重県12.7％、奈良県12.1％、埼玉県12％、宮崎県8.17％、などである。一方、非正規教員の割合が

I　学校経営・学校運営　　35

低い道府県は、福井県 2％、新潟県 3％、鳥取県 4.3％、長崎県 4.7％ などである。東京都の正規教員は 100.4％ である。

4．「正規教員」と「非正規教員」の格差の改善

　児童生徒や保護者の立場からみると、正規教員、非正規教員に関わらず、教員として同じ責任を負っている。同一労働・同一賃金の原則に基づいて、業務や給与の格差を是正し、全ての教員が落ち着いて勤務し、教育活動の充実を目指すことが、教員だけでなく児童生徒及び保護者からも求められている。しかし、公立小中学校の正規教員と非正規教員とでは大きな格差がある。1 つは「非正規教員の任用、業務、給与などに関する格差」、もう 1 つは「教員研修に関わる格差」である。

　正規教員と非正規教員の格差の改善を図らなければ、我が国の教育は衰退し、児童生徒が未来社会を逞しく「生き抜く力」を育成することは極めて難しい。

（1） 常勤講師の任用や業務の改善

　常勤講師は、教委が小中学校、高等学校の当該教員免許状を有していることを条件に、正規の「採用」ではなく「任用」として勤務することになっている。正規教員の産休や病休による一時的欠員を補う目的で、期間を限って任用される教員である。

　常勤講師の任期は、地方公務員法に基づき事実上 1 年以内である。したがって、1 年を超えて任用することはできない。常に 1 年ごとの契約更新である。また、任用期間が半年〜 1 年以内に制限されており再任用の保証はない。予定されていた任用期間内に休暇中の教員が早めに復職した場合は、途中で任用期間が短縮されることもある。

　週刊東洋経済（平成 29 年 9 月 16 日号「学校が壊れる」特集 46 ページ）は、「担任や部活動の顧問も搾取される非正規教員」の見出しで、「K 県 K 市の公立小学校に勤務する 41 歳の教員」の実態を掲載した。その掲載記事によると、「……41 歳の教員は常勤講師で任用されて 7 年目、全ての期間で学級担任だった。勤務時間や勤務日数は正規教員と同じである。任期は 4 月 1 日から翌年 3

月29日までだった。……」と記述されている。

　自治体は繰り返し任用する場合も数日程度の空白を設けることが多い。K市も年度末に2日間の空白期間を設けている。

　教委は正規教員の異動や採用が決まった後、教員定数に不足が出た場合に常勤講師で補ってきた。常勤講師の任用が決まるのは3月末である。3月末には「空白期間」が設けられているため、一時的に失業状態となる。常勤講師であるかぎり、新学期に任用されるかどうか、勤務校が変わるかもしれないなど、不安が常につきまとうことになる。

　また、教委によっては、原則として夏休み中の1か月間、常勤講師を解雇し、始業式の日に再び任用することにしている。解雇中に学校行事の引率や生徒指導、部活動を行っても無給である。

　任用期間に応じて、社会保険、雇用保険への加入や期末勤勉手当が支給され、通勤手当や諸手当も支給される。しかし、任用が終わると社会保険等も自己負担となる。

　自治体が厳しい財政事情にあるとはいえ、正規教員から人件費の安い非正規教員への切り替えを進めてきた結果は、常勤講師の犠牲の上に、我が国の教育が行われてきたと言っても過言ではない。

　常勤講師の任用の改善を図るには、まず、教委が設けている年度末等における「空白期間」を撤廃することである。次に地方公務員法を改正し、「事実上1年以内」という任用期間を正規教員並みに改善することが必要である。

　常勤講師の業務内容は正規教員と同じで週38時間45分（7時間45分×5日／週）の勤務でほぼフルタイムの常勤である。また、正規教員と同じように、1か月80時間以上の勤務を抱えている常勤講師も少なくない。

　担任を受けもつだけでなく、学校運営のための役割分担（校務分掌）もあり、部活動の指導なども行う。長時間勤務も正規教員とほとんど変わらない。しかし、給与は正規教員の62％程度である。

　教育の質の向上を実現するためには、財政的に不安定な加配定数の対応だけではなく、義務標準法の改正による抜本的な定数改善を図ることが必要である。

I　学校経営・学校運営

（２）非常勤講師の任用や業務の改善

　非常勤講師は、一般に地方公務員法第三条第三項第三号の「非常勤の嘱託員」に該当し、特別職の教員であるとされている。

　非常勤講師は、時間給による原則１年間の任用で、特定教科の授業などを担当し、毎週の授業と試験問題の作成及び採点、成績の記録などを行うことになる。学級担任を受けもつことはできない。また、生徒指導や部活動の指導、校外活動の引率・指導などは行わない。しかし、担当教科の授業を終えても、他の業務に携わらなければならない実態も数多く報告されている。

　平成29年9月30日付の報道記事に、「非常勤講師の掛け持ち」の記事が掲載された。東北地方で非常勤講師を務める30歳代の勤務の状況を報じたものである。

　その記事によると、「月曜から金曜まで日替わりで５つの中学校に通う。担当は技術科で授業は１日２〜６コマ（１コマ50分）、５校で計15クラスを受けもつ。給与は時給で１コマ約2,500円、通勤費やボーナスは出ない。」という内容である。

　非常勤講師の多くは、低い待遇で、任用が打ち切られるかもしれない不安を抱えながら児童生徒に接しているとすれば、充実した授業を行うことは難しい。

　国や自治体は、非常勤講師の任用や業務の実態を十分に把握し、非常勤講師が意欲的に業務に専念できる施策を早急に講じていかなければならない。

5．非正規教員の給与の改善

　正規教員と非正規教員の給与には大きな格差がある。非正規教員の給与は、新任時は正規教員とあまり変わらない。しかし、非正規教員の給与に上限を設けている自治体があり、年数を重ねるごとにその差は開き続けることになる。

　47教委のうち、36教委が法律に基づいて作成する給与表で、正規教員と非正規教員の給与を区別している。年齢を重ねるとその差は開き、非正規教員の給与は、正規教員の60〜80％にとどまったままである。

　地方公務員法には、同じ職務に従事する職員は、同じ等級に分類する「職務給の原則」があるにもかかわらず、実情は都道府県によって大きな差があるこ

とは重大な問題である。

　総務省公務員課は「非正規教員という理由で区別したり、昇級を妨げたりすることは本来できないはずだ。」と言っているが、これまで、教委は抜本的な対策を講じてこなかったことが、正規教員と非正規教員の給与の格差が拡大した最大の要因である。

　国は自治体任せにせず、非正規教員の処遇の改善を進められるように、財政的な処置を図らなければならない。早急に非正規教員に関する給与を正規教員と同程度まで引き上げる施策を、国が先頭に立って教委に対する指導を行うことが重要である。同一労働・同一賃金の原則を順守することが、「教員の働き方改革」にもつながると考える。

（1）K市の常勤講師の給与の実態

　「常勤講師でも公務員だから待遇はいい」と思われがちだが、実態は悲惨である。平成28年9月に開かれた総務省の「地方公務員の臨時・非常勤職員及び任期付職員の任用等の在り方に関する研究会（第4回）」では、次の事例が報告されている。

　K県K市の公立小学校に勤務する41歳の教員は、常勤講師で任用されて7年目、平成27年度の年間所得は約246万円。その教員は一人親で子供が2人いる。K市の就学援助制度の認定基準は親子3人世帯で約262万円。しかし、この常勤講師は正規教員と同じ業務をしているにもかかわらず、就学援助を受けられるほどの低水準である。

　この事例には非正規教員の抱える問題が凝縮されている。前述したように、1つは給与に上限が設定されていることである。K市の同年齢の正規教員は給与月額が標準で約36万円、年齢を重ねるごとに上昇する。一方、この常勤講師は同じ業務内容でありながら約22万円と40%も低く、今後も昇級の可能性は低い。

　K市に限らず、常勤講師の給与については、多くの自治体が上限を設定している。「新卒から常勤講師を続けると、約10年で昇給が止まる」と言われている。

（2）空白期間を設け期末勤勉手当を削減

　常勤講師の任期に「空白期間」があることも大きな問題がある。正規教員は一般的に 6 月と 12 月に期末勤勉手当が支給される。6 月期は前年 12 〜 5 月の期間、12 月期は 6 〜 11 月の期間について勤務実績に基づき支給額が決まる。

　しかし、常勤講師の場合、任用の空白期間があるため期末手当の基準となる在職期間は通常の 80％、勤務手当の基準となる勤務期間は 95％程度に算定され、支給額が減らされてしまうのである。

（3）非常勤講師の給与

　非常勤講師の給与は時給で 50 分授業 1 コマにつき 2,000 〜 3,000 円程度であるが、教委によって異なる。仮に週 15 時間の授業を担当すれば、月収約 15 万円ということになる。働いた年数や時間によって、1 コマの金額が上がっていくことはない。もちろん期末勤勉手当もない。また、常勤講師と違い学歴や職歴による給与の上積みもない。10 年、20 年と経験を積んでも、給与は新人と同じである。

　非常勤講師は担当する教科の授業のほかに、テストの作成及び採点、成績の記録なども行っている。しかし、これらの業務に対する給与は無給である。

　児童生徒に寄り添った授業を行う非常勤講師ほど、1 コマの授業を終えて「はい、さようなら」とはいかないはずである。授業で元気のなかった児童生徒に声を掛けて励ましたり、でき上がった作品を褒めたりするなど、授業以外にも児童生徒との触れ合い、信頼関係を築き上げている非常勤講師は多くいるはずである。教委はこれらの実態をしっかりと捉え直し、「1 コマ＋テスト作成＋成績評価」に対する処遇も考え改善していかなければならない。

6．非正規教員の研修を保証し学習活動の充実を図る

　新規採用正規教員に対しては、学校の内外で 1 年間の特別な研修（初任者研修）をすることが、教委に義務付けられている。実践的指導力と使命感を養うとともに、幅広い知見を得させるため、学級や教科・科目を担当しながらの実践的研修である。校内で年間 300 時間以上、校外で年間 25 日以上の研修を受

けることになっている。指導者は担当教員が当たる。

　一方、非正規教員任用の常勤講師の場合は対象外となっている。教委には研修を行う義務がない。常勤講師が体系的な研修を受けず、指導力が不十分であった場合、児童生徒が真っ先に影響を受けることになる。

　このような状況を改善しようと、近年、独自に常勤講師を対象とした研修を進める教委も出てきている。こうした研修の周知徹底、研修の体系化を図るとともに、研修に参加しやすい環境づくり、例えば常勤講師の業務負担を軽減することも必要である。また、主幹教諭や主任教諭が常勤講師の研修に携わるなど、校内研修を通じて常勤講師の資質を高め、意欲的に学習活動に取り組む体制を創り上げていくことも重要である。

　正規教員になりたいと教員採用試験を受けようとしている常勤講師も少なくはない。しかし、正規教員と同じように業務に追われ、試験勉強の時間がままならなかったり、近年教員採用試験の上限が緩和される傾向にあるが、年齢制限から受験そのものが難しかったりといった理由で、正規教員になれないまま常勤講師として歳を重ねていくという実態もある。

　常勤講師が意欲をもって正規教員を目指す環境を教委、学校が一体となって推進することが重要である。

　① 生きて働く「知識・技能」の習得　② 未知の状況にも対応できる「思考力・判断力・表現力」の育成　③ 学びを人生や社会に生かそうとする「学びに向かう力・人間性」の涵養

　これら3つの柱に基づいた校内研修によって、学習活動の充実を図っていくことが重要である。研修を通じて、教員一人一人の意識改革を進め、学習活動の充実を図ることができると考える。

　教育界に優秀な人材を得るためには、非正規教員の社会的地位の確保とともに、処遇の改善が重要である。国、教委、学校が一体となって、教育活動に取り組める体制の構築を図っていかなければならない。

Ⅰ　学校経営・学校運営

◆ 参考・引用文献

1 義務標準法等の一部を改正する法律等関係資料（文科省）
2 非正規教員の任用の状況について（文科省）
3 「公立義務教育諸学校の学級編制及び教職員定数の標準に関する法律」（文科省）
4 平成25年度学校教員統計調査（文科省）
5 学級編制、教職員定数改善等の経緯に関する資料（文科省）
6 週刊東洋経済（平成29年9月16日号付）

5　18歳に選挙権、学校教育はどう受け止め、取り組むか

はじめに

　2015年6月17日、選挙権年齢を現行の「20歳以上」から、「18歳以上」に引き下げることを内容とした「改正公職選挙法」が参議院本会議で可決され、成立した。

　この改正の動きが出てきた背景にあるのが「国民投票法」である。この法律には憲法改正の是非を問う国民投票についての規定があり、国民投票ができる年齢を「原則18歳以上」と定めている。国民投票での年齢、選挙権での年齢、この年齢の整合性を図る、このことがきっかけとなって、選挙権の引き下げが行われたのである。

　日本で初めて国会議員の選挙が行われたのは、1890年で、選挙人の資格は「直接国税15円以上を納めた25歳以上の男子」と定められていた。

　大正時代に入り、大正デモクラシーの動きを背景に、1925年、「25歳以上の男子」全てに選挙権が与えられることになった。

　第二次世界大戦後の1945(昭和20)年、ようやく女性にも選挙権が認められ、「20歳以上の男女」に年齢が引き下げられたのである。この選挙権は現在まで約70年という長い期間にわたって行使されてきたが、ここに1つの区切りが付けられたことになる。

　「公職選挙法」の改正によって、約240万人といわれる18歳、19歳の年齢の若者が有権者として投票できたのは、2016年に行われた参議院議員通常選挙［2016年7月25日には、参議院議員の定数242人の議員の半数が任期満了］からであった。今回の改正によって、新しく選挙権を得た若者たちがこの権利をどのように行使したか、その投票行動が注目されたところである。

　選挙権年齢の引き下げについては、明治時代より国民が選挙権を望んで勝ち取ってきたという歴史がある。しかし、今回は「国民投票法」との関わりで引

き下げが決められた。このため、国民の間で権利獲得に対しての論議が十分に行われ、引き下げ決定に対する強い思い入れなどが十分に示されたなかでの決定ではなかったということができる。

　例えば、2014年12月の衆議院議員選挙における投票率を見てみると、60代の投票率は68.3％だったが、20代は32.6％で、20代の棄権率は67.4％、棄権率が31.7％の60代と比較すると、若者の政治離れが顕著であることが分かる。選挙権を有していても投票行動に向かわない若者が多いことをこの棄権率が示している。

　2018年7月12日発行の福井新聞によると、北陸高等学校の男子生徒は「部活が忙しく10日も夕方まで練習だった。投票に行く余裕はなかった。」と言い、学校で投票に関する集会があったが、「選挙への関心はもてなかった。」と打ち明けているという。「若い候補者が多かったら、ちょっと違ったかも。」と話しているという。若者の選挙での投票率を高める、このあたりにヒントが隠されているのかもしれない。

1．選挙権を18歳に引き下げることの意味は何か

　現在、日本は少子高齢化という流れの中にある、高齢有権者（65歳以上の高齢者）が人口に占める割合は25.9％【2014年9月現在推計。総務省統計局】である。高齢有権者の比率が若年有権者比率（20～29歳の人口が総人口に占める割合）13％を大きく上回っている。このまま時代が推移すると、社会保障費の増大などによって、若者一人で高齢者一人の生活を支えるという時期がいずれやってくると言われている。2060年には1人の高齢者を1.3人の現役世代で支えると推計されている。

　例えば、年金問題一つを取り上げてみても、現在、世代間の利害が対立している。こうした日本の未来に横たわる諸問題を解決するために、これからの未来を担う若者を置き去りにせず、当事者として日本の未来について考え、課題解決に取り組んでもらう、このことが強く求められている。しかし、現在は「18歳以上」に引き下げられたばかりで、若者の政治離れが変化したという状況にはなっていない。

高齢有権者対若年有権者という対立をつくりだすことを、どの世代も望んではいない。それぞれの世代がそれぞれの良さを活かし合い、高齢者と若者が「共に参画できる社会」、「共に等しく発言できる社会」を構築する、そのために発言できる若者の数を増やす、ここに、選挙権の年齢引き下げの理由を見いだすことができる。

　しかし、世間では、10代は「フィーリング時代」と言われており、投票もまたその場の「フィーリング」で行うのではないかと不安視する声も聞こえてくる。

▼ 表-1　世代別有権者数
（2012年11月現在）
（総務省統計局）

年　　　齢	割合
80歳以上	9%
70～79歳	13%
60～69歳	17%
50～59歳	15%
40～49歳	17%
30～39歳	16%
20～29歳	13%

　18歳という年齢に選挙権を与えるということは、投票という行為に対して有権者としての義務と責任を与えたということである。これまで、義務と責任を与えてこなかったということで、18歳の若者には「少年法」の規定もあり、「何をやっても社会人として罰せられない」という雰囲気がつくり出されてきた。

　若い世代には、よりよい社会を創り出すことへの参画、同時に社会の構成員としての責任を果たす、この担い手であることへの自覚を求めていく、このことが重要である。

　「未来を担う若い世代が主体的に考える契機となることを願いたい。（産経）」、「日本の民主主義の質を高めることにもつながろう。（読売）」とあるように、年齢の引き下げに対しては、世間では好意的な受け止め方が多い。

　しかし、問題は新しい有権者の投票率をいかに上げるかである。「国の防衛から地域の福祉に至るまで、幅広く関心をもち、選挙を通じて政治に関わってほしい。（産経）」と、若者に期待する声も多い。若者の目をしっかりと政治に向けさせるための努力、これは政治を行う側に強く求める必要がある。同時に主権者である「18歳以上」の若者に「主権者」であることの自覚と責任についての学習を行い、自覚を求める。これは、学校教育に携わる者の責務である。学校はこのことを強く意識して行動する必要がある。

２．18歳に選挙権が引き下げられた、成人年齢も18歳になるのか

　18歳に選挙権年齢を引き下げることが、改正公職選挙法によって決まった。このことに関連して、成人年齢の引き下げも行われるのか、注目されるところである。日本では長く20歳を成人とするとの考えが定着している。この根拠となっているのが、1894年に制定された「民法」である。この中に「満20歳をもって成年とす」との規定があり、今日まで約100年余にわたってこの規定が国民の生活に息づいてきた。その結果、社会的通念となって定着したのである。

　18歳に選挙権が引き下げられた。それでは成人年齢も18歳に引き下げられるのか。民法の改正を担当しているのが法務省の「法制審議会」である。2009年7月、法制審議会は、「成人年齢を18歳に引き下げるのは適当。」とする最終報告書を取りまとめている。しかし、その報告については、大きな動きとならなかったが、選挙権が18歳以上に引き下げられたことによって、改めて注目されるようになった。

　現在注目を集めているのが、少年法の年齢の引き下げである。少年法では成人に達するまでが少年、すなわち未成年であり、少年保護の観点から、どのような凶悪な罪を犯しても、報道等において当事者の氏名、写真を公開することは認められていない。

　親の同意がなくても結婚できる、契約ができる、馬券等の購入ができる、飲酒、喫煙ができる。運転免許の取得年齢はどうなるのか、国民健康保険への加入年齢はどうなるのか、被選挙権の年齢はどうなるのかなど、成人年齢の引き下げに伴って、検討すべき課題が多々存在しているということも事実である。

　2018年3月13日の読売新聞に「18歳成人　22年施行」の見出しで、民法改正案が閣議決定したことが報じられた。主な内容は、成人年齢を20歳から18歳に引き下げる。しかし飲酒、喫煙、公営ギャンブルなどは「20歳未満は禁止」を維持する。また女性が結婚できる年齢を16歳から18歳に引き上げ、男性と同じ18歳に統一されることになった。10年有効のパスポートの18歳からの取得が可能、性同一性障害者の性別変更請求が18歳から可能、また若年層を中心に発生する悪質商法への対応（契約の取り消し権を認める）などが主なポイントとなっている。

▼ 表-2　各国で成人、飲酒・喫煙が許される年齢（数字は年齢）

国　　名	成　人	飲　酒	喫　煙
米・カリフォルニア州	18	21	18
ドイツ	18	16〜18	18
フランス	18	16〜18	18
イタリア	18	16	16
オランダ	18	16〜18	16
ロシア	18	18	18
オーストラリア	18	18	18
中国	18	18	18

　引き下げが実現すれば、18、19歳による少年事件は実名で報道されることになる。「18、19歳は立派な大人、同種犯罪（注1）の抑止のためにも、特に殺人など重大犯罪では実名を公表すべきだ。」と訴える被害者の思いがある、その一方で、「実名が報じられれば更生の妨げになるのではないか。」と懸念する声もある。同じように、飲酒・喫煙について、あるいは消費者教育の充実についても、18、19歳の間でいろいろな意見が交わされていると伝えられている。成人年齢を18歳に引き下げる改正民法が2018年6月13日に成立した。2022年4月1日に施行となり「大人」の定義が変わることになる。

　年齢によってできること、できないこと、このことについて決められている法律は300を超えているといわれている。これらの見直し作業が加速度的に進められていくものと受け止めている。

3．18歳の若者は投票所に足を運ぶのか

　18歳に選挙権の引き下げが決まったが、新たに選挙権を得た若者が投票所に足を運ばないのではないかと懸念する声も多い。

　改正公職選挙法は2016年6月19日に施行された。施行後に告示され、それからの適用となる。このため国政選挙で18歳の有権者が誕生したのは、2016年の夏に行われた参議院議員通常選挙からであった。

では、若者たちは日本の政治をどのように見ているのか、ここに、2015年6月末〜7月にかけて読売新聞が行った、16都道府県の61校の中学・高校生を対象にしたアンケート（回答者、生徒2万1,807人）とそれへの回答がある。（2015年9月18日・読売新聞）
　調査の結果、中高生の政治に対する関心が極めて高いことが読み取れる。「18歳になったら投票に行くか」という質問に対して、「必ず行く」、もしくは「なるべく行く」と回答した中高生は80％に上っている。2016年の夏の参議院議員通常選挙において、初めて選挙権を得ることになった高校3年生のうち、80％の生徒が「行く」と回答している。この数字は男女ともに、ほぼ同様な数値となっている。投票に対して関心が高いことが分かる。
　次に、日本の政治課題50項目の中から興味・関心のあるテーマについて、最大5つまで選んで回答を求めている。その結果、中高生2万人が最も興味・関心をもっている課題は表-3のようになっている。

▼ 表-3　中高生2万人が注目する日本の政治課題

順位	項目	票数
1位	東京オリンピック・パラリンピック	4,351
2位	集団的自衛権	3,759
3位	憲法改正	3,553
4位	年金	3,445
5位	いじめ・不登校	3,225
6位	大学入試改革	2,506
7位	消費税などの税制改革	2,400
8位	東日本大震災からの復興	2,310
9位	女性の社会進出	2,250
10位	地球温暖化対策	2,196

中高生の関心を最も集めていたのが、東京オリンピック・パラリンピックである。しかし、この祭典についても、単にスポーツの祭典と捉えているのではなく、「いくら誘致が大事だといっても、決まった後のことを考えていないのは小学生のよう。将来の負担にならないようにしてほしい。」と、計画が次々に変更になることへの批判が多かったという。また、第3位の「年金」に対する不安を訴える意見が多かったという。「私たちは将来もらえないのではないか。」という不安、「今はシルバー政治、年寄りの人々の意見が反映されている。結局、負担しなければならないのは私たち。」と、少子高齢化による若者世代への負担を懸念する声なども多かったという。

　また、男子と女子とでは、課題の受け止め方に多少の相違が見られる [表4]。男子では、「集団的自衛権」という安保法制への関心が高い。一方、女子が注目しているのが「女性の社会進出」である。進学か就職かを決めなければならない世代であるだけに、この項目に関心が高いということを理解することができる。

▼ 表-4　男女別に見た中高生が注目する政治課題

男子順位	項　　目	女子順位	項　　目
1 位	東京五輪・パラリンピック	1 位	いじめ・不登校
2 位	集団的自衛権	2 位	東京五輪・パラリンピック
3 位	憲法改正	3 位	女性の社会進出
4 位	年金	4 位	年金
5 位	いじめ・不登校	5 位	憲法改正

　年配者の側から、若者を見ていると、つい「今の若いものは、何をやっているのだ。」という言葉が出がちである。しかし今回のアンケートを見てみると、「年金の問題、憲法改正、女性の社会進出」など、身近なところから社会の動きに目を向けていることが分かる。年齢的には18歳は部活や受験勉強等に取り組み、自分の将来に対して、漠然と不安をもっている時期である。政治に対するいろいろな思いもある。この思いをどう投票活動につなげていくのか、このような若者の考えを一過性のものとして終わらせることがないようにする。学校教育への期待は大きい。学校はこのような意見、考えがあることを受け入れて主権者教育を進める必要がある。

4．心理面から見た 18 歳という年齢は

　18歳頃の年齢は、心理学的には「青年期」といわれている。大体12か13歳頃からといわれており、12から15歳前後が青年前期、16から18歳前後が青年中期、19から22歳、あるいは25歳程度の頃までが青年後期と分類されている。

　発達心理学者のエリクソン（1902～94年）は、青年期をモラトリアム[注2]の時代といっている。結婚、出産、育児、仕事といった大人としての責務は与えられず、自由に様々な経験を積むことで成長することができる時期であるともいわれている。

　日本には、子供をとても可愛がるという文化が存在する。可愛がることはとても良いことであるが、その反面、日本の若者は甘やかされ、モラトリアムの時期を有効に過ごすことができず、子供時代からの自立ができていないとの指摘もある。

　アメリカでは、子供であっても自立性が求められている。子供がレモネードを作って売ったり、ベビーシッターや洗車という作業に従事して小遣いを稼いだりすることは褒められるべき行為となっている。しかし、日本では子供に金銭よりも、学習することを求めるという生活習慣が強く存在しており、勉強が優先、家事や手伝いは免除されるという状況にある。

　青年に自立を促す、そして自らの意思で行動する。このことを経験させることは大切なことである。現在、高等学校3年生の段階で公民科の授業が行われている。ここでは政治に関する学習が行われ、知識としての「政治」を学んでいる。しかし、この授業が知識を身に付けるだけのものであってはならない。「国や社会の問題を自分の問題として捉え、自ら考え、自ら判断し、行動していく」ことを通して、実際の政治に関心をもち、政治参加へとつなげる教育、いわゆる「主権者教育」を、「公民科」の授業を通して、進めていく、このための授業の改善、新たな取組を進めていくことが強く求められている。

　思春期、青年期は問題を起こしやすい時期である。日本でも18～19歳の青年の非行が社会的な問題となっている。このような時期の若者に選挙権を与えることの是非については、いろいろな意見があるところであるが、18歳以上

に選挙権が引き下げられたことを踏まえて、学校教育全体で18歳の選挙権にどう取り組むのか、教育の側からの議論が湧き上がることが今必要である。一部の教科に任せず、学校全体で取り組むという認識と体制を創る必要がある。

5．主権者教育の推進と教員の政治的中立性の確保について考える

　2015年6月、改正公職選挙法の成立後、共同通信社が17、18歳を対象に行った世論調査によると、2016年夏に行われる参議院議員通常選挙に、65.7％の若者が投票に行くとの意向を示した。9月に行われた読売新聞のアンケートでは、80％に上るという。今、若者の間に参政権に対する関心が高まっている。このような若者の選挙に対する関心は現在高いが、これを一過性のものとして終わらせないことが大切である。そのため、これからは「主権者教育」の充実が強く求められているところである。

　改正公職選挙法の成立後の7月、文部科学省は高校3年生を対象とした副教材『私たちが拓く日本の未来』の作成に取り組んでいる。副教材は選挙や投票の仕組み等をまとめた「解説編」、参加実践型授業にそのまま使える「実践編」、公職選挙法等の留意点をまとめた「参考資料編」の3部構成となっている。

　2015年8月には、中央教育審議会の教育課程企画特別部会が次期学習指導要領の論点整理（案）を示した。この中で、主体的に社会参画を行うに当たって必要な力を、人間としての在り方、生き方の考察と関わらせながら実践的に育むための新教科「公共（仮称）」の設置が検討されていることが明らかになった。

　2018年2月15日の新聞に、2022年度から実施される高等学校の新学習指導要領案の内容が報じられた。必修科目として主権者教育を行う「公共」を創設し、主権者教育を充実するとの改定の方向が示された。社会の課題と自らの生活を関連付け、討論や模擬選挙を通して社会に参画する力を養うことをねらいとしたものである。

　この科目の学習活動の例として、「討論、ディベート、模擬選挙、模擬投票、模擬裁判、外部の専門家の講演、新聞を題材にした学習」が考えられており、今後さらに検討が進められるものと思われる。

　2015年7月、自由民主党は「選挙権年齢の引き下げに伴う学校教育の混乱

Ⅰ　学校経営・学校運営　　51

を防ぐための提言」を政務調査会でまとめ、公表している。

内容は、2016年の夏には、これまでの学校教育では経験したことのない状況、高校3年生のクラスに有権者が存在しているという状況が生まれる。生徒たちが知らないままに行動し、選挙違反に問われるケースがあると仮定して、「10の事例」を示し、懸念を表明したものである。

このように、主権者教育については、多方面からのいろいろな実施計画や要望が出されている。このことを把握して、教員は指導にあたる必要がある。

有権者である高校3年生に対しては、主権者としての自覚をもって責任を果たす、その意欲と態度を育む、今後、政治参加に関する教育の充実を図ることが期待されている。

しかし、高校3年生になってからの学習だけでは十分とはいえない。小学校・中学校といった早い段階から、「主権者教育」が重要であるということを学校は自覚することが大切であり、そのことに取り組む努力を期待する。

生徒に政治的教養を涵養するための教育を充実していくためには、教員もまた、幅広い政治的教養を身に付ける必要がある。これからは、教員に対して政治的中立を求める声が今まで以上に厳しくなってくる。「教員として行うべきこと、行ってはならないこと。」を厳しく区別すること、そのための研修をしっかり行うこと、このことを教員は自覚し、行動することが大切である。

「主権者教育」を必要とする生徒、政治的中立が求められる教職員、この2つが噛み合って、望ましい有権者を育て、政治に活力を生み出す、このことの実現を強く期待するところである。

◆ 注釈

注1　成年者の犯罪に適用されている死刑、懲役または禁錮といった刑罰は、現在、18〜19歳の未成年者には適用されず、少年法が適用されている。成人年齢が18歳に引き下げられると、18歳、19歳の若者に刑法が適用され、同一犯罪、同一刑罰になるということ。

注2　モラトリアムとは、身体的には大人であっても、大人としての社会的責任を猶予されている時期を指す。

◆ 参考・引用文献

1 文部科学省ホームページ
 「主権者教育」
 「政治的教養をはぐくむ教育(政治や選挙に関する高校生向け副教材等について)」
2 新聞等の記事
 「読売新聞・産経新聞等の掲載記事」

6　東京 2020 大会のレガシーを世界へ発信しよう

はじめに

　東京 2020 大会の開幕は、2020 年 7 月 24 日である。カウントダウンはすでに 1,000 日（2018 年 3 月末現在）を切った。
　オリンピック・パラリンピック招致の最終プレゼンテーションで、日本は東日本大震災による被災地を勇気付ける「スポーツの力」や「競技大会の優れたレガシーを未来に継承する」など、開催意義を強調した。
　スポーツを通じた人間の育成と世界平和を目指す世界的な祭典であるオリンピック・パラリンピックは、開催国となる日本にとっては、日本の魅力を世界に向けて発信する絶好の機会である。そして、2020 年とその後の日本に価値ある有形・無形のレガシーを築く機会でもある。
　東京 2020 大会レガシーを世界へ発信するに当たっての見解を記述する。

1．東京 2020 大会レガシーの創造と継承

　五輪は世界最大級のスポーツの祭典である。IOC は五輪開催による成果を五輪レガシーと呼び、スポーツ、文化、教育、環境、都市、経済などの分野で築くことを目指している。
　あらゆる分野において、レガシーを創造し継承していくことによって、持続可能な社会を構築することが、開催国（東京）としての責務であると考える。
　東京 1964 大会は、戦後復興・高度成長の象徴として、発展する日本の存在を国際社会にアピールする場となった。東海道新幹線・首都高速道路等の社会基盤整備、新ビジネスの誕生、国民の自信回復、戦後復興、平和国家の樹立など、高度経済成長と国民の豊かさを実感する様々なレガシーを創り出した。
　東京 2020 大会は東日本大震災による被災地の復興も含めて、積年の課題を

解決し、それをレガシーとして未来に引き継ぐことが求められている。

東京2020大会組織委員会は、過去のレガシーを遵守し、未来へのビジョンを示すため、競技会場や運営などをテーマ別に2つのゾーンに分けた。

1つは東京1964大会のレガシーが集積する「ヘリテッジゾーン」、もう1つは未来に向けて発展する東京の姿を象徴する「東京ベイゾーン」である。

２．レガシーを未来へ継承する東京大会開催基本計画

大会開催基本計画の冒頭には、「世界で最も先進的で安全な都市で、ダイナミックなスポーツの祭典と五輪の価値を提供」「高い質と最高の恩恵が保証される大会の開催」「ダイナミックさと温かい歓迎で世界中の若い世代に感動を与える祭典」「日本が誇る創造力とテクノロジーを駆使し、スポーツとオリンピックに寄与する革新性」など、東京2020大会のビジョンが明記されている。未来へレガシーを発信するとともに継承されていくものと考える。

（１）東京2020大会の日程
 ◆ オリンピック競技大会開催日程
   ① 正式名称：第32回オリンピック競技大会（2020／東京）
   ② 開催期間：2020年7月24日（金）～ 2020年8月9日（日）
   ③ 競技数：33競技339種目
 ◆ パラリンピック競技大会開催日程
   ① 正式名称：東京2020パラリンピック競技大会
   ② 開催期間：2020年8月25日（火）～ 2020年9月6日（日）
   ③ 競技数：22競技537種目

（２）大会ビジョン3つの基本コンセプト
東京2020大会組織委員会は、3つの基本コンセプトを具体的に示した。
 ① 「全員が自己ベスト」：全てのアスリートが最高のパフォーマンスを発揮し、自己ベストを記録できる大会
 ② 「多様性と調和」：世界中の人々が多様性と調和の重要性を改めて認識し、

共生社会を育む契機となる大会
③ 「未来への継承」：世界にポジティブな変革を促し、それらをレガシーとして未来へ継承していく大会

（3）競技場設置計画

　東京2020大会は、選手村を起点とした「東京ベイゾーン」と「ヘリテッジゾーン」の2つのゾーンを中心に開催される。

▼ 図-1　半径8km圏内の競技場
（出典：（公財）東京オリンピック・パラリンピック競技大会組織委員会）

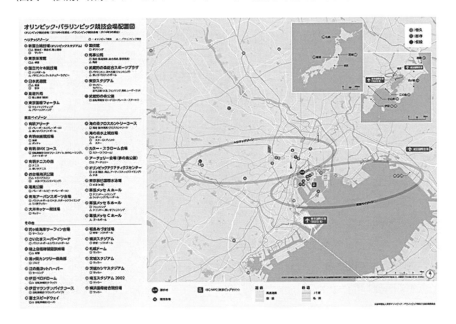

　東京圏にある33競技場のうち28競技場等は、選手村から半径8km圏内に設置され、コンパクトな大会開催を目指している。

　東京1964大会のレガシーが残る「ヘリテッジゾーン」では、国立代々木競技場や日本武道館などが競技場となる。新国立競技場は旧国立競技場を解体した跡地に新設される。選手村や新設の競技場は、有明・お台場・夢の島・海の森など、未来の都市開発モデルである東京湾に面した「東京ベイゾーン」に建

設される。

　一方、一部の競技は東京西部の武蔵野エリアにある競技場で行われるほか、サッカーの一部やゴルフ・射撃などは、地方都市の競技場で行われる。

（4）選手村の整備

　東京 2020 大会で各国選手団が使用する選手村の整備は、「東京ベイゾーン」の再開発の一環である。

　選手村の建設地は中央区晴海 5 丁目である。建物は住宅棟 22 棟、超高層タワーの住宅棟 2 棟、商業棟 1 棟の合計 25 棟で構成し、総延べ床面積は約 67 万 7,900m^2（総戸数約 5,950 戸）である。1 日当たり五輪出場選手など 7 万人が宿泊できるように計画されている。2016 ～ 2019 年度の 1 期工事で選手村関連施設を建設し、大会後（2020 ～ 2023 年度）の 2 期工事で宿泊棟として建設した建物を分譲マンションに改修する。分譲マンションは東京大会のレガシーとして継承され、活用されることになる。

3．レガシーを未来へ継承する「東京ベイゾーン」の再開発

　東京 2020 大会は、単に数週間のイベントではない。大会招致が決定して以来、大会開催まで何年間もかけて、開催都市の再開発を始め、選手村や数多くの競技施設などの建設が必要となる。また、地域全体を含めた環境や競技場などはレガシーとして継承され、活用されなければならない。

　都市再開発で最も重要なことは、環境に優しい持続可能な都市を創造することである。「東京ベイゾーン」は、大会終了後も様々な人々が集い、最新の情報を発信していく国際交流拠点として、整備することが重要である。

（1）環境負荷の少ないインフラ整備

　東京 2020 大会の目玉は、選手村から半径 8 km 圏内に 33 競技場のうち 28 競技場を設置するコンパクトさである。選手村から競技場への移動は、世界で最も発達し効率の良い東京の公共交通機関を最大限に利用することになる。しかし、観光客などが狭い地域に集中し、競技場への移動に使う短距離交通網に

大きな負荷がかかることが予測される。したがって、交通渋滞や交通網による環境負荷を最小化する対応を考えなければならない。

（2）自転車走行道路の整備と環境に優しい自動車の使用

　自転車は手軽な交通手段である。環境にやさしく、健康増進にもなることから、東京都では、2020年度までに「東京ベイゾーン」を含めて約100kmの自転車走行道路を整備する予定になっている。

　一方、東京2020大会で使用する大会関係車両は、電気自動車、燃料電池自動車やハイブリッド車など、低公害・低燃費自動車の使用が検討されている。また、東京都は水素燃料で発電しながら走行する究極のエコカー「FCV」の普及に力を入れている。

　「移動」に伴うCO_2排出削減を目指し、快適にしかも健康にもつながるライフスタイルの創造を未来へのレガシーとして継承していくことが重要である。

4．新国立競技場の建設の白紙撤回

　半世紀前に建設された国立競技場を新設するに当たり、「新国立競技場国際デザインコンクール」が行われた。46点のデザイン案の応募があり、その中から最優秀賞1点、優秀賞1点、入選1点を決定した。最優秀賞はイギリス在住の女性建築家ザハ・ハディド氏のデザイン案に決定した。しかし、2015年7月17日、安倍晋三首相の決断により、新国立競技場の建設は白紙見直しとなった。

（1）新国立競技場の建設白紙撤回の理由

　新国立競技場の建設白紙撤回の理由は2つである。1つは、建設費が当初予算の1,300億円を大幅に超える3,000億円と算出されたことである。その後予算の縮小を検討したが、2015年には2,520億円（当初予算の約2倍）に膨らむことが明らかになった。もう1つは、建物が巨大すぎて、「神宮の森」の景観が破壊されるなどの批判も表出し再考を求められたからである。

（2）新国立競技場の新たな整備計画

2015年8月28日、政府は東京2020大会のメイン会場となる新国立競技場の新たな整備計画を決定した。総工費の上限を1,550億円に設定し、観客席を6万8,000席にとどめることにした。

2015年11月にデザインや設計、施工を一括して決める国際コンペを実施し、2020年4月末までの完成を目指すことになった。

2015年12月14日、独立行政法人日本スポーツ振興センターは、東京2020大会メイン競技会場となる新国立競技場整備計画2案を公表した。

2案は共に木材の特徴を生かしたデザインで、工期は2019年11月末、総工費は1,500億円弱である。2案の中から、建築家の隈研吾氏がデザインしたA案が採用された。

▼ 図-2　新設される新国立競技場
（出典：大成建設・梓設計・隈研吾建築都市設計事務所）

隈研吾氏はデザイン案のコンセプトについて、「木と緑のスタジアム」であると説明している。スタジアムの外側には日本在来の植物を植え、周囲の環境と調和するよう配慮し、屋根のひさしの軒の部分には木材が使用される。

これについて、隈氏は「法隆寺の五重塔のひさしの軒が美しい。これを現代に蘇らせようと考えた。」と説明したように、日本の伝統的な建築が取り入れられた。また、屋根の木材は国産のカラマツを使用することになっている。木に囲まれている温かさ、柔らかさが感じられる設計である。

このように環境に配慮し、国産のカラマツ材が大量に使われることは、非常に意義のあることと考える。国産カラマツ材の生産地である北海道、長野、岩手などの地方の活性化が期待される。また、林業が蘇り雇用の拡大等、地方の創生にもつながっていくとも考えられる。

Ⅰ　学校経営・学校運営

5．大会エンブレムの白紙撤回

東京2020大会のエンブレムは、コンペで選ばれた佐野研二郎氏のデザイン（応募は国内100・海外4の計104作品）が発表・公開された。そして、佐野研二郎氏のデザインのエンブレムが東京2020大会のエンブレムとして決定したが、新国立競技場の建設白紙撤回に続いて白紙撤回された。

（1）東京2020大会のエンブレム白紙撤回の理由

東京2020大会のエンブレム白紙撤回の理由は、佐野研二郎氏のデザインのエンブレムは、リエージュ劇場のロゴと似ていると指摘され、デザインを手がけた佐野氏に盗作疑惑が浮上したからである。その後の調査によって、当初案は選定後に大会組織委員会などから「類似する商標を複数確認した。」と指摘され、白紙撤回となった。ザハ・ハディド氏デザイン案の新国立競技会場とエンブレムの白紙撤回が引き続いたことによって、IOCをはじめ、世界の国々から不信感をもたれることになりかねない不祥事であったと考える。

（2）新エンブレムの作成

新エンブレムは、国内外の商標調査などを経て一般公開し、国民の声を最終審査に反映したうえで、最終候補に残った4作品のうち、藍色の四角形を組み合わせた「組市松紋」のA案に決定した。

▼図-3 公式エンブレム「組市松紋」
（出典：（公財）東京オリンピック・パラリンピック競技大会組織委員会）

新国立競技会場の新設やエンブレムの問題で、東京2020大会組織委員会をはじめ意思決定の閉鎖性が明らかになったことを踏まえ、今後は「オールジャパン」体制で臨むことになった。掛け声だけにならないためにも、国民が納得できる透明性をもち、説明責任を果たしなが

ら着実に進めていかなければならない。

6．東京2020大会マスコット決定

東京2020大会のマスコットを決める全国の小学生による投票結果が、2018年2月28日午後発表された。最終候補作品のうち、大会エンブレム「市松模様」をあしらった「未来ロボット型」のア案に決定した。

▼ 図-4　2020年東京大会マスコット
（出典：（公財）東京オリンピック・パラリンピック競技大会組織委員会）

ミライトワ　　　ソメイティ

大会マスコットの決定は、大人ではなく、未来を担う子供たちによって決定することになっていた。

全国にある小学校約28万クラス中、20万クラスが投票した結果、ア案が10万9,041票を獲得した。小学生によるマスコット選考は五輪史上初めてである。

7．学校教育で創造する東京2020大会レガシー

五輪教育は、2020年に向けて全国的に推進し、「努力の尊さ、フェアプレーの精神、思いやりやボランティア精神、多様性を尊重する態度」などを、大会のレガシーとして児童生徒に培っていくことが重要かつ必要と考える。

（1）オリンピック・パラリンピック教育推進校の指定

東京都教育委員会は、東京2020大会までの間、五輪教育を展開していくために、その教育実践の研究開発を行うことを目的とした「オリンピック・パラリンピック教育」を推進してきた。2014年度・2015年度は研究推進校を指定し、教育実践の研究開発、2016年度は、「オリンピック・パラリンピック学習読本（小

学校高学年編、中学校編、高等学校編）」を全校配布し、学習読本による学習が開始された。2017年度には優れたオリンピック・パラリンピック教育を行っている園・学校を、オリンピック・パラリンピック教育アワード校として決定し顕彰した。

（2）日本の良さを世界へアピール

　東京2020大会は、成熟した大都市東京が日本の伝統・文化、「おもてなし」「和の精神」などを、日本的な価値観や最先端技術などを世界へ発信するまたとない機会である。そのため、東京2020大会に向け、児童生徒が自国の文化・伝統、及び日本人としての自覚と誇りを身に付け、日本の良さを世界へ示す意欲と実践力を育むことが必要である。さらに、世界各国の子供たちとの交流を促進し、異文化を尊重し理解する態度を身に付け、国際親善と平和な社会の発展に貢献できる資質能力を育てることが重要である。

（3）スポーツ教育振興絶好のチャンス

　東京2020大会の開催が決定して以来、リオデジャネイロ2016大会及び東京2020大会出場を目指して、多くの児童生徒が努力してきた。

　中学校、高等学校の生徒で才能に恵まれ、東京2020大会出場への目標と意欲をもって、適切なトレーニングを積み重ねれば、世界レベルに達することはできると考える。したがって、今後、中学総体、高校総体、国民体育大会、各種世界選手権などにおける成績が、東京2020大会出場に向けてのステップとなる。

（4）外国語等グローバル化に対応する教育の充実

　社会のグローバル化は一層加速する。東京2020大会はグローバルな社会で、「生き抜く力」を養成するチャンスでもある。特に、五輪を契機として継続的に英語力のアップを図ることも必要である。2020年度には英語も必修の教科となることを踏まえ、現在の「英語活動」の充実を図り、「使える英語」の指導が必須である。

（5）東京 2020 大会のボランティア活動

　大会の運営に欠かせないのがボランティアの存在である。世界中の大会で多くの人々が通訳や競技場の案内等に携わった。特に、パラリンピック出場の選手を支えるボランティアは、選手と同数ぐらい必要である。競技によって使用する器具や車椅子などが異なることを、十分に踏まえて、ボランティアとしての役割を果たしていかなければならない。

8．東京 2020 大会に向けて「無煙社会」の実現を

　今国会（2018 年 1 月 22 日～7 月 22 日）では、受動喫煙防止対策を強化する健康増進法改正案が議論されている。

　健康増進法改正案は、住居や宿泊施設などを除く屋内を原則禁止した上で、施設ごとに一定の場所での喫煙は認め、違反者には罰則を設ける。客席面積が 100m² 以下で、個人などが営業既存の小規模飲食店は喫煙可能にした。

　一方、東京都議会では、政府案より厳しい規制内容を盛り込んだ受動喫煙防止条例を 6 月 27 日に成立させた。

　年内から段階的に施行し、飲食店内の禁煙、罰則（5 万円以下の過料）の適用などの全面施行は 2020 年 4 月からとなる。

　世界保健機関（WHO）と IOC は、「たばこのないオリンピック」を共同で推進することとしている。日本を除く近年のオリンピック開催地では、公共の施設や職場について、罰則を伴う受動喫煙防止対策を行っている。（ロンドン：建物内禁煙、リオデジャネイロ：敷地内禁煙、平昌：原則建物内禁煙）

　こうした実情を踏まえ、日本においても、2020 年の東京大会や、その前年に開催されるラグビーワールドカップに向けて、国民の健康増進のために早急に受動喫煙防止対策の強化を図り、その実効性を高めていくことをレガシーとして未来社会に継承していかなければならない。

◆ 参考・引用文献

1 東京 2020 大会立候補ファイル（JOP）
2 東京 2020 大会招致計画（JOP）
3 東京 2020 大会開催基本計画（(公財) 東京オリンピック・パラリンピック競技大会組織委員会）
4 東京五輪施設（(公財) 東京オリンピック・パラリンピック競技大会組織委員会）
5 ヘリテッジゾーン再開発計画（東京都・(公財) 東京オリンピック・パラリンピック競技大会組織委員会）
6 東京オリンピック新国立競技場の新設に関する報道
7 東京オリンピックエンブレムに関する報道
8 受動喫煙防止対策の強化について（厚労省）

Ⅱ　教育課題

1　教員の「働き方改革」と
　　児童生徒に向き合う授業の創造

はじめに

　平成29年6月22日、松野博一文部科学大臣は、中央教育審議会（以下「中教審」という）の総会に出席し、「教員には生徒指導や部活動など多様な期待がある一方、長時間勤務という看過できない深刻な状況がある。」と述べた。そして、長時間勤務の解消が課題になっている教員の「働き方改革」に向けた対応を検討するよう、諮問書を北山禎介中教審会長に手渡した。

　教員勤務実態調査結果の集計では、平日の平均勤務時間は、小学校教諭が11時間15分、中学校教諭が11時間32分で、いずれも平成18年度の前回調査よりも30〜40分程度増えていることが明らかになった。

　教員の「働き方改革」を巡っては、政府の教育再生実行会議でも、長時間勤務の原因となっている部活動について、学校単位から地域単位での活動に転換を図ることを求める提言がまとめられている。

　中教審は今後の議論を通じて、教員の勤務内容の見直しや地域との連携、勤務実態に合わせた処遇改善策、児童生徒の教育を巡る学校と家庭、地域の役割分担も含め、教員の「働き方改革」への有効な手だてを示せるかが注目される。

　そこで、教員の「働き方改革」について、「学校現場における勤務の適正化」、「長時間勤務の解消」についての見解を記述する。

1．中教審総会における副会長・委員等のマスコミ報道

　中教審の総会において、小川正人副会長は、「教員の仕事の範囲があまりにも広がりすぎている。法制度の見直しを図ったとしても、勤務自体の削減がなされなければ結局サービス残業などが残ってしまうだろう。第1に勤務削減に取り組むべきだ。教員の給与について定めた"給特法"で、残業が教員の自発

的行為とされていることに関して、"勤務の規制整備"をしていく必要がある。」、他の委員からも「教員に時間外手当の支給を認めていない教職員給与特別措置法（給特法）が"無制限の時間外労働の原因になっている"として、廃止も含めた見直しを検討すべきだ。」など、マスコミの報道によって明らかになった。

（1）教員の「働き方改革」

　教員の「働き方改革」についての関心は、教育界や関係機関をはじめ、多くの人々にも広がり喫緊の課題となっている。

　教員の長時間勤務を根本から改善していかなければ、次世代を担う児童生徒の育成に多大な影響を及ぼすことになる。また、学校と地域・家庭との役割分担や、部活動等の指導員、事務職員、スクールソーシャルワーカー（SSC）など教員以外の人材との連携促進、ICTを活用した負担軽減策などの検討も求められている。

　松野文部科学大臣が「看過できない状況だ。」と述べたように、いずれも早急に改善策を講じなければならない課題ばかりであるが、最も急を要する課題は「今後も学校が担うべき勤務は何か。」を明確にすることである。

　教員の「働き方改革」の諮問とそれを踏まえた中教審による答申は、「OECD国際教員指導環境調査（平成25年）」後、速やかに取り組むべきであったと考える。教員の「働き方改革」の諮問が早ければ、中教審の答申も早められ、教員の勤務に関わる価値観や意識の変革などにも影響を及ぼしたと考えるからである。

（2）中教審部会が中間報告

　2017年12月12日、教員の長時間労働の改善策を検討している中教審の特別部会は、長時間労働を解消するため、勤務時間に上限を設けることなどを盛り込んだ中間報告をまとめ公表した。中間報告の要旨は次の通りである。
　① 教員の業務
　　ア　基本的には学校以外（自治体、教育委員会、保護者、地域住民）が担うべき業務：登下校に関する対応、放課後から夜間の間の見回りや補導時の対応、学校徴収金の徴収・管理、地域ボランティアとの連絡調

整
　　イ　学校の業務だが、必ずしも教員が担う必要のない業務：部活動、調査・統計への回答、休み時間の対応、校内清掃
　　ウ　教員の業務だが、負担軽減が可能な業務：給食時の対応、授業準備、学習評価や成績処理、学校行事の準備・運営、進路指導、支援が必要な子供・家庭への対応
② 　勤務時間の上限の設定などに言及

　教員についても、勤務時間に関する数値目標を設定する必要がある。文部科学省（以下「文科省」という）は、勤務時間に関する数値で示した上限の目安を含むガイドラインを早急に検討する。

　この中間報告をさらに検討し、速やかに答申としてまとめることが必要である。また、各自治体においては、独自に時間外勤務を抑制する改革案を作成し、教員が主体的、意欲的に勤務に励み、児童生徒の育成に努めて欲しいと考える。

　一方、中間報告では、教員の増員を強く求めたとは思えない。学校現場の状況からみると、正規教員は不足している。教員の定数増は喫緊の課題である。児童生徒に寄り添い、新学習指導要領に立脚した教育の創造に基づいた議論を深めることが重要かつ必要である。

２．学校現場における勤務の適正化

　文科省は、2016年4月に「次世代の学校指導体制にふさわしい教職員の在り方と業務改善のためのタスクフォース[注1]」を省内に設けて検討を行ってきた。そして、2016年6月17日、本タスクフォースの報告をとりまとめ公表した。

　公表された長時間労働の働き方改善には、「業務改善を断行するためには、働き方そのものの価値観の転換が必要。」と記述されている。

　教員の多くは、「児童生徒たちのために」という大義名分を最優先する傾向がある。したがって、長時間の勤務を抱えても、表立って不平も言わずに長時間勤務に携わり、間に合わなければ自宅に持ち帰って黙々と勤務を支えている。今やその頑張りは既に限界に達している。

これまでの働き方に関する教員の価値観や意識の変革を、根本から見直さない限り、教員の「働き方改革」を断行することは極めて難しい。また、従来の固定化された献身的な教員像を前提とした学校の組織体制では、質の高い学校教育を持続的に発展させることも困難である。

　次世代を逞しく生き抜く児童生徒を育成するためには、教員一人一人が児童生徒に寄り添った教育活動を持続的に進展していかなければならない。そのためにも、教職員の在り方と業務改善のためのタスクフォースの報告に示された「働き方そのものの価値観の転換」を図っていかなければならない。

▼ 図　小中学校における1か月の労働時間と過労死ライン
（出典：連合総研）

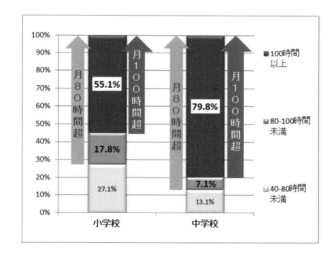

　全国の公立小中学校の教諭約4,500人を対象とした「連合総研」の調査（2017年1月16日付）によると、週に60時間以上働く小中学校の教員の割合が70～80%に上がることが明らかになった。医師や建設業、製造業など他業種より格段に高い割合である。特に運動部の顧問の教員は出勤が早く、午前7時前に出勤する教員が15%、午後9時以降に退勤する教員が15%に上がった。

　中学校の教員の約80%が過労死ラインの「月100時間超の残業」をしている。小学校でも半数強がそれに該当する。

3．長時間勤務の解消

　教員の長時間勤務の実態は、平成28年度の教員勤務実態の集計で既に明らかになっている。しかし、松野文部科学大臣が、今回の諮問に当たって、「教員には生徒指導や部活動など多様な期待がある一方、長時間勤務という看過できない深刻な状況がある。」と述べたことは、教員が本来の勤務である教材研究や授業改善を行えず、児童生徒と向き合う時間が確保できていないことを公式に認めたことになる。

　2017年6月9日、閣議決定した今年の「経済財政運営と改革の基本方針2017」（骨太の方針）にも「長時間勤務の早急な是正へ年末までに緊急対策をまとめる。」とし、教員の働き方改善を盛り込んだ。しかし、教員定数を大幅に増員するとともに、教員の勤務の範囲や量そのものを見直さない限り勤務時間を縮減するのは難しいと考える。

　学力の向上、いじめや不登校への対応、特別支援教育など、教育課題が増えているにもかかわらず、それに見合うだけの教員配置がなされていないのが実情である。教員定数の改善も急務である。勤務が増えればそれに見合う人員の配置は当たり前のことである。

　文科省の平成29年度予算は5兆3,097億円で、平成28年度と比べ86億円減少した。義務教育費国庫負担金は、教員定数の改善策として、65億円増（3,060人増）、教員定数の自然減（児童生徒数減）により、67億円減（3,100人減）、結果的に2億円の減少である。児童生徒数が減少したとしても、勤務内容はむしろ増加していることを本気で考えているのか疑わざるを得ない。

　教員の「働き方改革」を推進するためには、国、都道府県・市町村教育委員会（以下「教委」という）と学校などが、改革の明確な目標設定と適切なフォローアップ・支援により、実効性を確保していかなければならない。

（1）適正な勤務分担と教委等からの支援

　教員の勤務については、責任を明確にし、適正な勤務分担、学校運営の円滑化などを視点として、勤務の改善を図るとともに、教員の「働き方改革」を進めることが重要である。

教員が最も負担に感じている業務は、小中学校とも「保護者・地域からの要望・苦情への対応」（小学校84％、中学校82％）、「国や教委からの調査やアンケート」（小学校83％、中学校80％）などである。
　学校に対する保護者や地域住民の意見・要望も多様化しており、教員の勤務の多忙化に拍車を掛けている。このような状況を改善していく１つの方策として、学校と保護者や地域住民との間に生じた学校だけでは解決が困難な課題については、教委等に相談し解決を図るようにしたい。例えば、都教委には「学校問題解決サポートセンター（東京都教育相談）」が設置されており、教員や学校の「困難な課題や問題」に対して、支援を受けることができるようになっている。また、教委は高度な知識や経験に基づく実践力のある退職教員等を学校に配置し、保護者や地域住民とじっくり話し合ったり、対応してもらったりして、理解を得るようにしていきたい。このような取組によって教員の勤務時間の縮小につなげられると考える。
　国や教委からの調査やアンケートなどは、必要最小限にとどめるよう、国や教委への理解を求めていくことも必要である。
　長時間勤務を是正し、教員が自分の時間をもつことによって、人としての幅を広げ、よりよい授業の創造につなげるという意識変革とともに、そのことにも価値観を見いだしていきたいものである。
　給食費等の徴収管理勤務から教員を解放したい。給食費や教材などの徴収は、教員の勤務内容とは考えにくい。学校給食費等の学校徴収金会計勤務を、学校を設置する地方自治体が自らの勤務として行うための環境整備を推進することが重要である。

（２）教員定数の大幅な増員

　全国の公立小中学校では、担任や部活動の指導をしながら非正規で働く「非正規教員（常勤講師）」が約６万3,000人で教員定数の約９％（平成24年度）を占めている。正規教員と同じように、１か月80時間以上の勤務を抱えている常勤講師も少なくない。
　地方公務員法では、正規採用を原則としており、非正規教員はあくまでも例外的な扱いとしている。採用期間も１年に限られている。

常勤講師の勤務時間や勤務内容は正規教員とほぼ同じである。授業を行うだけではなく、学級担任や校務分掌も担当する。したがって、長時間勤務も正規教員とほとんど変わらない。しかし、給与は正規教員の62％程度である。
　教員の「働き方改革」においては、常勤講師に対しても十分な配慮が必要であると考える。

（3）教員が担うべき勤務の見直しと勤務の縮減
　「定時退勤日」等を設けたとしても、教材研究や授業の準備、生徒指導といった勤務に追われる状況は変わらないと考える。また、数多くある会議や事務作業の見直しなど、各学校、各教員で勤務を効率化する努力は必要であるが限界に達している。したがって、教員の勤務の量そのものを徹底して、見直さない限り勤務時間を縮減するのは難しい。
　児童生徒の未来のために、「次世代の学校」を創生するためには、学校の指導体制の充実と教員の長時間勤務の是正を図ることが不可欠である。それには、学校や教員の勤務の大胆な見直しを着実に推進し、教員の勤務の適正化を促進し、教員が児童生徒と向き合える環境整備をしなければならない。
　教員の「働き方改革」を推進するためには、国・教委・学校などが改革の明確な目標設定と適切なフォローアップ・支援により、実効性を確保することが必要である。
　具体的には、長時間勤務是正のための周知・啓発キャンペーンをしたり、学校組織全体としての勤務改善のPDCAサイクルを通じたりして、まずは、教員の勤務に対する価値観や意識改革を図ることが重要である。

（4）部活動の負担軽減
　2017年3月14日、文科省は教委教育長等に対して、「学校教育法施行規則の一部を改正する省令の施行について（通知）」を出した。省令は2017年4月1日から施行されている。
　通知の主な内容は、「校長は、部活動の指導に外部指導員を顧問に命ずることができること。部活動指導員は、学校の教育計画に基づき、生徒の自主的、自発的な参加により行われるスポーツ、文化、科学等に関する教育活動（学校

の教育課程として行われるものを除く）である。部活動において、校長の監督を受け、技術的な指導に従事すること。……」などである。

　この省令によって、スポーツ等に詳しい学校外の指導者が、学校職員と位置付けられ、「部活動指導員」になることができるようになった。教員の負担軽減と部活動の安定運営などのため、中学校、高等学校の部活動で技術的な指導をするほか、大会へ引率したり、顧問に就いたりできるようになった。学校においては、外部指導者を顧問に委嘱し、教員の「休養の明確な設定」と「働き方改革」を通じて、部活動の運営の適正化を促進することが重要である。

（5）指導体制の整備

　教育課題に対応した教職員定数の拡充や、スクールカウンセラー（SC）、SSWの配置拡充が必要である。また、マネジメントを担う事務職員等の定数改善を図ることも重要である。

4．静岡県吉田町の教育プラン

　2017年2月23日、静岡県吉田町の総合教育会議が町役場で開かれ、新学習指導要領への対応を先取りした教育プランが公表された。

　この教育プランによると町立小中学校の授業日数が平成30年度、夏休みなど長期休暇の短縮で平成28年度の年間206日から「220日以上」に少なくとも14日増えることになる。年間の授業日数を220日以上に増やすことによって、月平均の時間外勤務が小学校で40時間以内、中学校では60時間以内に減らすことができると町教委は見込んでいる。これによって、午前中で授業が終了する日が生まれ、教員は授業準備や研修時間が確保され、質の高い教育へつなげていくことをねらいとしている。

　このプランの説明会は6月から始まったが、保護者からは「夏休みが減れば、息子はサッカーチームの練習に参加ができなくなる。」、「大人に振り回され、被害を受けるのは子供たちだ。」など、不満が続出した。また、児童生徒からは「夏休みが短くなるのは嫌い。」とか、「宿題がなくなるからいいかも。」など、様々な声が上がった。一方、小学校のある女性教諭のように、「放課後が長く

なれば余裕をもって教材研究や児童と向き合える時間ができる。」と歓迎する声もある。

　このような賛否両論が渦巻く中で、2017年10月27日、マスコミは、「吉田町の夏休みの短縮を含む小中学校の教育改革プランの実施時期を、当初予定の2018年4月から2020年4月に先送りすることを決めた。」と報じた。

　先送りされた理由は、「町民から反対の声があったほか、教職員や保護者に計画を理解してもらうためには一定期間が必要」と、町教委が判断したからである。最短で土・日を含めて16日程度にすることを計画していた夏休み期間については「春・冬休みなど年間を通して検討する。」とした。2018年4月から2020年3月は教育改革プランの移行期間と位置付け、教育改革プランの完全実施は2020年4月からとなった。

　新学習指導要領では、小学校3～6年生の授業時間が年間35コマ増えるため、全国的に対応が課題となっている。

　吉田町の各小中学校が、新学習指導要領への対応を先取りした教育プランの創造を目指して、児童生徒としっかり向き合った授業のデザイン等、主体的、創造的に取り組んでいくことを期待したい。

　第196回国会は、2018年1月22日に招集された。開会された衆議院本会議で、安倍晋三首相は「働き方改革」を断行すると強調した。そして、「同一労働同一賃金」の実現の時が来たと述べた。

　「働き方改革関連法」は、国会での激しい論議を通じて、2018年6月29日の参院本会議で可決、成立した。

　これまで、長時間労働に依存してきた戦後日本の雇用慣行を見直し、仕事の効率化を図ることができると考える。無制限ともいえる残業時間に、罰則付き上限規制と同一労働同一賃金の推進が最も重要である。

　このことを各教委は真摯に受け止めて、新学習指導要領への対応と教員の「働き方改革」の施策を早急に創り上げ、実現をして欲しいと願うものである。

◆ 注釈

注1　タスクフォース
　　　具体的な特定の目的のために一時的に編成される部局や組織

◆ 参考・引用文献

1　教員の「働き方改革」諮問書（平成29年6月22日）
2　経済財政運営と改革の基本方針2017（文科省）
3　平成29年度文科省予算（文科省）
4　教育委員会等による学校への支援（東京都教育委員会）
5　静岡県吉田町ホームページ
6　中教審特別部会の報告（平成29年12月12日）

2　学校における危機管理と安全教育を徹底しよう

はじめに

　2011年3月11日14時46分、マグニチュード9.0という「1,000年に一度」とも言われる東日本大震災が太平洋三陸沖を震源として発生した。

　東日本巨大地震は、1995年1月17日の近畿地方を直撃したマグニチュード7.3の阪神・淡路大震災、1923年9月1日の神奈川県相模湾北西沖を震源として発生した関東大震災マグニチュード7.9をはるかにしのぐ巨大地震であった。地震のマグニチュードは0.1上がるごとに約1.4倍ずつエネルギーが大きくなる。東日本巨大地震のエネルギーは関東大震災の14.5倍である。

　東日本大震災は、巨大な津波を引き起こし、東北地方の太平洋沿岸地域を中心に未曾有の被害をもたらした。巨大震災による犠牲者は、捜索の進行にしたがって増え続け、2016年2月10日現在、警察庁のまとめによると、一連の余震での死者も含め、死者1万5,894人、行方不明者2,562人となった。また、東京電力福島第一原子力発電所の事故に伴う野菜や水道水の放射線濃度の上昇、原子炉の冷却作業を行った作業員の被爆、事故の長期化による地域住民の遠隔地への避難など、放射線被害も拡大している。

　このような大震災が起きた場合、「人々はどのように行動すれば安全が確保されるのか」「学校では災害発生時における危機管理は確立しているか、また、災害発生時における対策や学校における安全教育」などについての見解を記述する。

1．大震災発生時の行動

　大災害や事故が発生すると、まず何を行うか、その手順や方法が問われる。東日本大震災は、大地震による津波対策や原子力発電所の安全確保など、抜本

的な見直しや危機管理体制の確立など、早急に取り組むべき課題が表出した。

　地震や津波が発生したときには、経過する時間ごとに行うべきことが変わっていく。地震や津波が起きたときには何をすべきか、日頃からどのような行動をとるか、日頃の訓練を通じて、身の安全を確保できるようにしておくことが、最も重要かつ必要なことである。

　東日本大震災後、内閣府等が岩手県・宮城県・福島県の住民に対し行った面接調査（出典：警察庁 2013 年 1 月「国家公安委員会・警察庁防災業務計画」）によると、地震直後に車を利用して津波から避難した人は、全体の約 57％を占めていた。車を利用した理由はいろいろとあると考えられるが、避けなければならない。

　走行中に地震が起きた場合、そのまま車を利用して避難することは困難であり危険を伴う。地震や火災に伴う信号機の機能停止や道路の損壊、路上駐車により、消防車や救急車などの緊急車両が通行できなくなるといった、被害の拡大が予想されるからである。

2．学校の危機管理

　阪神・淡路大震災後、「危機管理」という言葉が新聞やテレビなど、マスコミをはじめいろいろなところで使われるようになった。

　危機管理とは、本来国内での自然災害や人為的な非常事態、あるいは国際的な紛争（核戦争等の危機）などに発展するような事態に的確に対処するため、事前に立案しておく行政的、外交的対策であった。しかし、最近では学校においても、危機管理に対する具体的な方策の確立が必要となっている。

　学校では、災害や事故に備えて、安全計画を立て施設・設備の日常的な安全点検に努めている。また、児童生徒の健康管理のために保健室を整備している。また、校内の連絡体制とともに、校外の緊急連絡網を用意している。しかし、それらがいざというとき、どれだけの効果を発揮するか、日常の備えが問われることになる。

　学校を取り巻く危機には、学校内に起因するものと、学校外に起因するものとがある。学校内に起因するものは、日常の学校経営を通じて、ある程度予測

できる。そのため危機が現実の問題となる前に、その解消を図り、それなりの対策を講じることができる。一方、学校外に起因するものは、前もって予測をすることは困難である。したがって、非常事態が発生した場合、学校としてどのように対応するか万全の備えを講じておかなければならない。これが学校における危機管理である。

（1）学校内に起因する危機管理

　これまで、学校の防災計画や安全管理の計画は、当然のことながら災害の起こることを予測して策定されている。しかし、その災害によって、学校、児童生徒、教職員にどのような危機が起きるか、その想定を最悪な状況まで突き詰めているかどうかは疑問である。大きな危機に発展してほしくないという心理的な働きが、最悪の状況の想定を抑制していないかと考えるからである。しかし、災害は必ず起きる。そして、その災害によって引き起こされる危機は、非常に大きなものであるという認識に立って、最善の方策を講じることが、何よりも重要である。

　学校が避難場所となった場合を想定した食料や飲料水の備蓄、避難者に対する対応や教職員の役割などを中心に見直しを進めることが必要となっている。

　学校の危機管理は、災害に対するものだけではない。様々な事件や事故が多発している。いじめを苦にした児童生徒の自殺、プールでの児童生徒の溺死、部活動での児童生徒の怪我、教職員による体罰、交通事故、猥褻行為などについて、新聞や週刊誌がネタにし、市民団体や住民が抗議の対象にするものもある。

　運動会や文化祭での騒音、児童生徒のマナーの悪さ、ありとあらゆること、あることないことが取り上げられ、記事、投書、抗議、ビラ、面会強要、訴訟など、多様な方法がとられている。

　これらは全て学校にとっての危機である。危機が表面化し、社会的に注目され、問題視されるようになってから対応するのでは、遅すぎるだけではなく、言うに言われぬ苦労があり、教育活動にも大きな支障をきたすことになる。失われた信用や評判、混乱や対立を復旧するには、多大な努力と時間が必要となる。

　したがって、事件や事故が起きないよう予め手を打つという事前防止的な危機管理を確立しておかなければならない。また、事件や事故が起きた場合、素

早く対応し、危機を最小限にするための事後処理的危機管理についても確立しておくことが重要である。

(2) 東京電力福島第一原子力発電所の事故

　東日本大震災によって、東京電力福島第一原子力発電所に事故が発生した。
　福島第一原子力発電所の事故は、巨大地震と大津波が直接的な原因であるが、安全性では世界最高水準と評された日本の原子力発電所が無惨な姿をさらしているのは紛れもない事実である。2011年3月29日のマスコミ各紙では、「炉冷却化か汚染水阻止か」「汚染水移し替え着手」「原子炉圧力容器損傷の恐れ直視し対策を」などの見出しで、鎮圧作業が一進一退を続けている状況が伝えられた。海外の原子力発電所を所有する国々は、日本のこの事故の対処方法に注目している。世界の原子力平和利用の行方がかかっているからである。
　事故で漏出した放射性物質による飲料水や農作物などの汚染も、不安を広げている。「水道水から放射性物質が検出された。」「ごく微量で健康に影響はない。」「水道水は浄水の過程で、放射性物質をほぼ除去できる。」「食品衛生法の暫定規制値を上回る放射性ヨウ素が水道水から検出された。」「翌日には規制値の半分に戻った。」「東京都新宿区で、上空から降ったとみられる放射性のセシウム137やヨウ素131が、相当量測定された。」など、何度も報道された。その報道に伴って、スーパーマーケットや店頭から、ペットボトル入りの飲料水をはじめ、特定の日用品がすぐ売り切れてしまうなど、風評被害も広がった。しかし、それらの情報は正確か、どの情報を信じればよいかなど迷うことが多い。
　大量の情報や風評の拡散するなかで、何が正しい情報かよく考え、正しく判断し、行動する力を、児童生徒に培っていかなければならない。情報を正しく判断し、行動することによって、はじめて自分の生命を守ることができることを、児童生徒一人一人にしっかり理解させることが重要である。学校では今回の状況を生きた「教材」として練り上げ、学習活動に活用できるようにしなければならない。
　また、東日本大震災に伴う東京電力福島第一原子力発電所事故に関するマスコミ各紙の報道によると、横浜市に自主避難してきた当時小学2年生の男子生

徒（13歳）が転校先の横浜市立小学校でいじめを受けた上、"事故の賠償金があるだろう"などと言われて、同級生から遊興費など計 150 万円を巻き上げられたという状況も表面化した。この問題の発覚とその対応に、教育委員会や学校が非難された。非常に嘆かわしい事態である。

3．学校における安全教育

　学校における安全教育は、児童生徒の生命に関わる教育であり、学校教育の中では不可欠で最も重要な教育であると言うことができる。
　小学校教育の目的の1つとして、学校教育法第二十一条第八項に、「健康、安全で幸福な生活のために必要な習慣を養うとともに、運動を通じて体力を養い、心身の調和的発達を図ること。」と明記されている。そして、この目標は中学校や高等学校においても、これがさらに達成されることが求められている。
　したがって、安全教育は生命尊重教育でもある。安全教育を通じて、人権を尊重する精神や生命に対する畏敬の念を培うことは、生命を何物にも代えがたいものとして尊重する心を養うことであり、豊かな心をもち、たくましく生きる児童生徒を育成することでもある。

（1）安全教育プログラム
　2009 年 2 月 19 日、東京都教育委員会は、全ての児童生徒に、危険を予測し回避する能力や他者や社会の安全に貢献できる資質・能力を身に付けさせる安全教育を推進するため、全国初の総合的な指導資料として「安全教育プログラム」を作成した。
　主な特色は次の通りである。
① 　「必ず指導する基本的事項」の明確化
　　児童生徒の発達段階に応じて具体的にどのような内容を指導するのかを明確にするため、児童生徒が身に付ける「必ず指導する基本的事項」を示した。
② 　総合的な年間指導計画
　　安全教育の3領域（「生活安全」「交通安全」「災害安全」）を系統的・計画的に進めるため、3領域を総合的に扱った年間指導計画を学校種ごとに示し

た。
③　指導方法の改善
　「必ず指導する基本的事項」を確実に身に付けられるようにするため、教員が一声掛ける「日常的な安全指導」、「定期的な安全指導」及び「特設する安全学習」を相互に関連させた安全教育の指導方法を示した。

(2) 安全管理
　学校における安全管理は、児童生徒の安全を守るための対策である。事故の原因となる校舎内、校舎外の施設・設備の破損や不備、児童生徒の学校生活における危険な行動等を早期に発見し、原因となる危険な状態を速やかに除去することに努めなければならない。
　安全管理は、児童生徒自身の行動が原因となってひき起こされる人間側の管理、つまり対人管理が必要である。一方、児童生徒を取り巻く物的環境が事故の原因となることも多く、対物管理も必要となる。
　学校における安全を確実に確保するためには、安全指導との密接な関連を保った活動を展開する必要がある。
　このようなことから学校では、学校環境の安全管理、学校生活の安全管理、通学途上・災害時の安全管理等を、年間の計画にしたがって適切に行っていくことが必要である。

(3) 学校安全計画の立案
　学校の安全計画は、安全教育の内容と安全管理の内容、そして両者の活動が円滑に組織的に推進されるための組織活動を包括する総合的な計画でなければならない。
　計画の立案に当たっては、東京都教育委員会が示した「安全教育プログラム」、学校の教育目標・方針・重点目標・学校安全の実態と重点・実践の総合評価、地域社会の状況などを十分に配慮することが必要である。また、学校保健法及び同法施行規則の関係条文、消防法等の趣旨を十分認識しておくことが重要である。

4．災害発生時における対策

　火災、地震、風水害等による災害が発生した場合は、それぞれの災害の特質に応じた対策が早急にとれるよう、防災の組織を整え、万全の体制がとられていなければならない。特に、火災や地震は突発的に起こることが多いため、日頃のそれらに対する訓練が必要である。

　2001年10月11日、中央防災会議において新しい防災基本計画が決定した。その基本計画には、「国や自治体だけに頼る防災には限度がある。自らの安全は自ら守る自覚をもつことが"防災の基本"。」と記述されている。したがって、学校の安全教育の目標は、児童生徒の生命と安全の確保とともに、「自分の生命は自分で守る。」という自覚をもって、行動できるようにすることが重要である。

（1）避難訓練

　学校での避難訓練は、教育課程にきちんと位置付けられ、毎月1回実施することになっている。学校は、どんな事態に直面しても、児童生徒の安全を確保し、生命を守ることを最優先にしなければならないからである。

　毎月実施している避難訓練が、いざというとき、本当に生かされるかどうかは、訓練の内容と方法によって決まる。毎月同じような訓練の繰り返しからは、生命を守ることも、安全を確保することもできない。

　児童生徒には、生命を守る避難訓練は学校で最も大切な学習、すなわち、「生命を守る学習」であることを理解させ、常に真剣な態度で訓練に臨むようにしなければならない。

　非常事態が発生すると人の心は動揺し、判断も誤りがちである。したがって、教職員一人一人が、訓練は実践であること、教職員の判断の適否は全児童生徒の生命につながる重大な問題であることなどを、しっかりと理解させることが大切である。その上に立って、多様な避難訓練の計画と実施、その評価を踏まえて次の訓練に生かすようにしていかなければならない。状況に応じた避難経路の確認、火災時や震災時の対応の仕方、人員確認や報告の仕方、死傷者への対応の仕方など、多様で具体的な計画のなかでこそ、確かな判断力が磨かれて

いく。そのためにも、綿密な避難訓練の計画を練り上げ、地道な実践を通して、教職員の的確な判断力を磨き、児童生徒の生命を守るという認識を堅持していくことが、最も重要である。

（2）総合防災訓練

　これまで、毎年9月1日の防災の日には、大地震の警戒宣言発令に伴う、総合防災訓練が行われてきた。この訓練に参加する人数は毎年1,300万人を超えている。平成23年度は、東日本大震災の後だけに、防災に対する関心が高く、多数の人たちが参加した。

　各自治体は2011年3月11日の東日本大震災を教訓として、これまでの訓練内容や方法を、大幅に改善し住民の安全確保を図るものにしていかなければならない。

　都内の多くの公立小学校で実施している児童の「引き取り訓練」についても、抜本的な見直しが必要である。今回のような大震災が東京で起きたら、都内を縦横に走る高速道路、鉄道、地下鉄等が破壊する恐れがあるからである。したがって、小学校では、保護者が各学校まで児童を引き取りにこられるかどうか、はなはだ疑問である。また、校舎が倒壊するような危険が予測された場合、各学校に指定されている広域避難場所まで、避難をしなければならない。それを想定した避難訓練を計画し実施することが必要となる。

（3）防犯ブザーや携帯電話（スマートフォン）の所持

　児童生徒が通学途上で事故や不測の事態に直面した際の連絡手段として、防犯ブザーやスマートフォンがある。しかし、これらの所持についてはいろいろな議論が噴出している。安易に所持を決めるわけにはいかない。学校としてどうするか。学校の実態に即して判断をすることが重要である。

　児童生徒に所持させるということになれば、ただ持ち歩いているということでは意味がない。なぜ所持しなければならないのか、その根拠を児童生徒がしっかりと認識できるように指導することが必要である。そして、防犯ブザーやスマートフォンの正しい使い方を十分に理解したり、防犯シミュレーションで練習を繰り返したりするなど、危険回避能力を十分に高めておかなければ、いざ

というときには役立たない。

5．学校事故と救急体制の確立

　最近、学校事故に関して、教職員がその法的な責任を追求される事例が目立ってきている。学校で児童生徒が負傷し、死亡するような事故が発生すると、被害児童生徒の保護者が教職員に過失があったとして、その法的責任を追求するようになってきた。そして、当事者間で自主的に解決することができず、紛争を裁判所までもち込み、長期にわたって争うというケースが目立ってきている。

　このような現状から、校長・教職員間には、事故の発生を極端に恐れているという声が聞かれる。児童生徒の活動を制限することによって、責任を回避したいとする考えが増加しているとも言われている。臨海学校や林間学校の実施には慎重にならざるを得ないという傾向、危険発生率の高い教育活動には、その指導監督責任者となることをできれば回避したいという傾向も増加しているようである。

　これでは、本来の教育活動そのものが、不当に萎縮してしまうことになる。事故発生の大小の差異はあっても、全く危険性がないという教育活動は考えられない。事故防止のために十分配慮した上で教育活動を実施するならば、事故そのものが減少するはずである。

　学校の管理下で事故が発生した場合は、早急に適切な応急処置をしなければならない。怪我をしたり、病気の発作が起きたりした場合、それ以上に悪化させないで、適切な処置ができる医師などに任せたり、保護者への連絡を速やかに行ったりすることである。状況に応じた対応の仕方を全教職員が理解し、組織的に行動できるよう、その体制を確立しておくことが重要である。

3　小学校におけるプログラミング教育の課題をどう克服するか

はじめに

　新小学校学習指導要領では、小学校から情報活用能力の内容にプログラミング教育を含むとし、各教科におけるコンピュータ等を活用した学習活動の充実やコンピュータでの文字入力等の習得、プログラミング的思考の育成を図ることを求めている。

　プログラミング教育は、小学校で2020年度から、中学校で2021年度から、高等学校で2022年度から、それぞれ始まる。現時点の2018年から約2年後には小学校でプログラミング教育が本格的に実施されることになる。

　今回改訂された学習指導要領が目指すものは、予測不可能な未来に向けて、子供たちがよりよい人生、よりよい社会の担い手となるよう、授業を変えていかなくてはならないということである。

　子供たちに身に付けさせたい能力は何か、これからの授業をどう進めていったらよいか、すでに先行して実施している自治体、学校もあるが、解決すべき課題も多い。教員がプログラミング教育についてどれだけ理解しているのか、教員の力だけでは手に負えないこと、どれだけ意識をもって取り組もうとしているかなどである。また、子供たちの現状に目を向けると、コンピュータでの文字入力等の習得やプログラミングの経験など、個人差があり、指導方法に工夫が必要であることが分かる。ここでは小学校におけるプログラミング教育における課題について考え、解決策を述べる。

1．プログラミング教育の必要性の背景

　人工知能、IoT（Internet of Things）の時代といわれ、子供たちを取り巻く環境は近年急激に変化している。身の回りのもののほとんどがデジタルによっ

て制御されている時代だからこそプログラミング教育が必要とされる。「小学校段階におけるプログラミング教育の在り方について（議論の取りまとめ）」には、以下のように述べられている。

・近年、飛躍的に進化した人工知能は、所与の目的の中で処理を行う一方、人間は、みずみずしい感性を働かせながら、どのように社会や人生をよりよいものにしていくのかなどの目的を考え出すことができ、その目的に応じた創造的な問題解決を行うことができるなどの強みをもっている。こうした人間の強みを伸ばしていくことは、学校教育が長年目指してきたことでもあり、社会や産業の構造が変化し成熟社会に向かう中で、社会が求める人材像とも合致するものとなっている。

・自動販売機やロボット掃除機など、身近な生活の中でもコンピュータとプログラミングの働きの恩恵を受けており、これらの便利な機械が「魔法の箱」ではなく、プログラミングを通じて人間の意図した処理を行わせることができるものであることを理解できるようにすることは、時代の要請として受け止めていく必要がある。

・小学校段階におけるプログラミング教育については、コーディング（プログラミング言語を用いた記述方法）を覚えることがプログラミング教育の目的であるとの誤解が広がりつつあるのではないかとの指摘もある。

2．プログラミング教育、プログラミング的思考とは

　プログラミング教育というと、コンピュータの技術の習得に視点がいきがちだが、新小学校学習指導要領総則には「子供たちが将来どのような職業に就くとしても時代を越えて普遍的に求められる『プログラミング的思考』（自分が意図する一連の活動を実現するために、どのような動きの組合せが必要であり、一つ一つの動きに対応した記号を、どのように組み合わせたらいいのか、記号の組合せをどのように改善していけば、より意図した活動に近付くのか、といったことを論理的に考えていく力）を育む。」ことをあげ、「小学校においては、児童がプログラミングを体験しながら、コンピュータに意図した処理を行わせるために必要な論理的思考力を身に付けるための学習活動を計画的に実

施すること。」としている。

　この新学習指導要領は学校における「目標」を定めたもので、具体的にこの目標をどのように実現するのかは、学校現場に委ねられている。

3．プログラミングに取り組むねらい（学習指導要領より）

　小学校段階において学習活動としてプログラミングに取り組むねらいは、プログラミング言語を覚えたり、プログラミングの技能を習得したりといったことではなく、論理的思考力を育むとともに、プログラムの働きやよさ、情報社会がコンピュータをはじめとする情報技術によって支えられていることなどに気付き、身近な問題の解決に主体的に取り組む態度やコンピュータ等を上手に活用してよりよい社会を築いていこうとする態度などを育むこと、さらに、教科等で学ぶ知識及び技能等をより確実に身に付けさせることにある。教科等における学習上の必要性や学習内容と関連付けながら計画的かつ無理なく確実に実施されるものであることに留意する必要がある。

　小学校においては、教育課程全体を見渡し、プログラミングを実施する単元を位置付けていく学年や教科を決定する必要がある。

　新小学校学習指導要領では、算数科、理科、総合的な学習の時間において、児童がプログラミングを体験しながら、論理的思考力を身に付けるための学習活動を取り上げる内容やその取扱いについて例示している（第2章第3節算数第3の2（9）及び同第4節理科第3の2（2）、第5章総合的な学習の時間第3の2（2））。しかし、例示以外の内容や教科等においても、プログラミングを学習活動として実施することが可能であり、プログラミングに取り組むねらいを踏まえつつ、学校の教育目標や児童の実情等に応じて工夫して取り入れていくことが求められる。

　例示として
① 　算数では「図の作成において、プログラミング的思考と数学的な思考の関係やよさに気付く学び。」
　　「［第5学年］の『B図形』の（1）図形の面積を計算によって求めることができるようにする。ア　三角形、平行四辺形、ひし形及び台形の面積

の求め方を考えること。」における正多角形の作図を行う学習に関連して、正確な繰り返し作業を行う必要があり、更に一部を変えることでいろいろな正多角形を同様に考えることができる場面などで取り扱うこと。

② 理科では「電気製品にはプログラムが活用され、条件に応じて作動していることに気付く学び。」

「［第6学年］の『A物質・エネルギー』の（4）電気の利用」における電気の性質や働きを利用した道具があることを捉える学習など、与えた条件に応じて動作していることを考察し、更に条件を変えることにより、動作が変化することについて考える場面で取り扱うものとする。」具体的には電気の性質や働きを学ぶ際、エネルギーを効果的に利用するために様々な電気製品にはプログラムが活用され条件に応じて動作していることに気付く学習などが検討されている。

③ 総合的な学習の時間では「自分の暮らしとプログラミングとの関係を考え、そのよさに気付く学び。」

「学習活動を行うに当たっては、プログラミング的思考を育むことを目指し、プログラミングを体験することが探究的な学習の過程に適切に位置付くようにしなければならない。」

④ 音楽では、「創作用のICTツールを活用しながら、音の長さや高さの組み合わせなどを試行錯誤し、音楽を作る学び。」

⑤ 図画工作では、「表現しているものを、プログラミングを通じて動かすことにより、新たな発想や構想を生み出す学び。」

⑥ 特別活動では、クラブ活動において実施。

などが示されている。

その他、例示された内容以外でも学習活動を広げていきたい。視点として

・身近な生活でコンピュータが活用されていることを知ること。

・問題の解決には必要な手順があることに気付くこと。

・コンピュータの働きを自分の生活に生かそうとする態度を身に付けること。

などがあげられる。

上記のことから、これからの教育の中で、プログラミングはこれまでの基礎学力と並ぶ基礎的な内容になっていくものであると考える。また、プログラミ

ングを学ぶのではなく、プログラミングで学ぶという視点に立って、論理的に考え、問題を解決していく力を育むことが大切と考える。

4．プログラミング教育を実施する上での課題

（1）指導できる人材の養成と確保（指導する教員の課題）

　子供たちにプログラミングを教える前に教員がプログラミングを学ぶ必要がある。プログラミング教育については、高度な知識やスキルが必要とされるため、研修制度の確立と研修時間の確保、専門家の協力や情報の教員免許をもつ教員の増員などが必要である。2020年度までに一人一台の情報端末での教育を、という政府の教育目標があるが、現場で指導を行う教員たちからは不安の声が上がっているのが実情である。子供たちを教える教員へのプログラミング教育をまず実施する必要がある。既存のカリキュラムの中にコンピュータサイエンス的な視点を入れて授業を展開することは可能であるし、望ましいことでもあるが、それを実践できる小学校の教員は少ない。2020年度からプログラミング教育の実施に向けて、指導人材の養成・確保には早急に取り組まなければならない。小学校の教員はとても多忙である。授業のほかにも保護者とのやりとりや対応すべき校務分掌や学級事務等の仕事があり、年次休暇もゆっくり取得できないのが現実である。プログラミング教育を小学校の教員だけに負わせるようでは目標の達成は難しい。学校も家庭も地域も企業や大学も社会教育関係施設もみんなで協力して地域で支えるプログラミング教育を実現していきたい。人的・物理的な環境を作っていくことが成功の鍵である。

（2）授業時間の確保

　小学校では、新学習指導要領の実施において、外国語教育（英語）を新設するため、総合的な学習の時間を削減して授業時間数を確保している。2020年度には英語の「3年生から必修化」「5年生から教科化」が完全実施されることになり、カリキュラムは目いっぱいである。さらにプログラミング教育が必修化されることで、時間を確保するため、現在実施されているカリキュラムや教育内容を削減し、授業時間を確保しなければならないという現実がある。文

部科学省はプログラミング技術を教えるのではなく、各教科等の中で、プログラミングを活かした論理的な思考力を養うことが小学校段階では大切と述べている。そのため、学校全体の教育課程を見渡し、プログラミング教育を行う単元を位置付けていく学年や教科等を決め、地域、企業・大学等の研究機関との連携体制を整えながら指導内容を計画・実施していくことが求められる。

(3)「指導方法・教育教材」の開発・普及

　「プログラミング教育とは、一体何をすればよいのだろうか。」と多くの教員は考えていると思われる。論理的な思考力や問題解決能力を養うためのプログラミング教育とは、一体どのように実践すればよいのか。その具体的な指導方法や教育教材が十分ではないため、多くの教員は指導が困難と考えてしまう。特別な知識や技術、意欲をもって取り組める教員もいるだろうが、全国の小学校でプログラミング教育を普及させるためには、指導方法や教育教材の開発が指導する人材の養成・確保とともに重要になってくる。しかも、開発した内容が実際に浸透し実践されていくまでには、啓発や普及に膨大な時間や努力が必要である。プログラミング教育の先進国であるイギリスでは、2013年のナショナルカリキュラムにおいて、従来の教科「ICT」に代わって教科「Computing」が新設され、2014年9月から実施している。

　イギリスでも、いまだ従来のICTリテラシーや情報活用能力の習得の指導にとどまっている学校もあるとのことで、指導者のトレーニングや新教科の普及・啓発が当面の課題であると報告されている。プログラミング教育が未来を拓くカリキュラムとして重要であるのだとすれば、「他の国に遅れをとってはいけないから、とりあえず必修化。」というような意識では普及していかない。模索しながらも自治体・学校で真剣に取り組んでいく必要がある。

(4) 設備・環境整備

　文部科学省は2013年の第2期教育振興基本計画で、教育用のPCを児童3.6人に1台の割合で配備することを目指し、2014年度から年1,600億円以上を地方交付税に盛り込み自治体を支援してきたが、2016年3月末時点では、6.2人に1台にとどまっている。PCに限らず、前述の「日本再興戦略2016」ではノー

ト型コンピュータやタブレット、また、2016年11月に文部科学省が発表した資料「教育ICT教材整備指針（仮称）策定に向けて」では電子黒板や実物投影機など、様々なデバイスの必要性についてふれている。

電子黒板の整備率は10年前の2006年は1.7％だったのに対して、2016年3月時点では21.9％（前年比2.5％増、台数は11,653台増の102,156台）と増加しているが、2020年までにどこまで整備することができるかが課題である。

また、これらのデバイスをプログラミングの授業で使用するうえで「通信環境」が必要である。前述の「小学校段階におけるプログラミング教育の在り方について（議論の取りまとめ）」は、「全ての教員や関係者が活用できるようなプログラミング教育のポータルサイトを構築していくことも考えられる。」「学校現場がインストールせずに使うことのできるWebサービスなど、活用しやすい工夫が求められる。」などネットワークを活用した運用が検討されている。

「日本再興戦略2016」では、「無線LANの普通教室への整備を2020年度までに100％を目指す」ことをKPI（Key Performance Indicator：目標の達成度を評価するための主要業績評価指標　短期・中間目標）として設定しているが、2016年3月時点では普通教室の無線LAN整備率は26.1％だった（校内LAN整備率は87.8％）。

スタートまで間もないプログラミング教育開始に向けて、急ピッチの環境整備が求められる。2020年までにどこまで進むか注目される。

5．課題解決のために

新学習指導要領は、2030年の社会を想定し、子供たちの資質・能力の育成を目指して改訂されたものである。2030年には現在（2018年）10歳の子供は22歳に、さらに2045年には37歳になっており、日本の経済の中心的な存在になっている。小学校で必修化されたプログラミング教育が生かされ、社会の担い手として活躍できる人材を育てていくという意識で取り組みたい。

必修化が迫っている以上、少しでも解決方法を見いださなくてはならない。そのためには、教員研修が必須である。技術の研修にのみ終わるのではなく授業の中にどのように取り込めるかという視点が必要である。それには指導案や

授業の公開、研究授業が有効である。また、他校等の活動から学び、実践していくことに努めたい。

6．おわりに

プログラミングは、これからの教育の中で、① 基礎学力と並ぶ基礎的な内容になっていくものであること。② プログラミングを学ぶではなく、プログラミングで学ぶということ。他者と協同して新しいものを作り出すことや教科の理解を深めることが求められている。プログラミングを使って何を表現し、何を作り出すかというためのツールに過ぎないという意識が大切。③ 開かれた教育課程といわれるように、地域で支えるプログラミングであるように。新しい学校は地域で環境を作っていくような取組を望んでやまない。

◆ 参考・引用文献

1 「小学校学習指導要領」（平成 29 年 3 月　文部科学省）
2 「小学校学習指導要領解説　総則編」（平成 29 年 3 月　文部科学省）
3 小学校段階におけるプログラミング教育の在り方について（議論の取りまとめ）
（平成 28 年 6 月 26 日　小学校段階における理論的思考や創造性、問題解決能力等の育成とプログラミング教育に関する有識者会議）
4 平成 27 年度学校における教育の情報化の実態等に関する調査結果
5 「諸外国におけるプログラミング教育に関する調査研究」報告書
（文部科学省平成 26 年度・情報教育指導力向上支援事業）
6 教育 ICT 教材整備指針（仮称）策定に向けて
（平成 28 年 11 月　文部科学省生涯学習政策局情報教育課）
7 日本再興戦略 2016（平成 28 年 6 月）
8 2020 年に義務化迫る "小学校プログラミング教育"、教育現場が抱える課題
（THE PAGE　2017 年 9 月）
大阪電気通信大学工学部電子機械工学科の兼宗進教授
茨城大学教育学部情報文化課程の小林祐紀准教授他
（取材・執筆：井口裕右／オフィスライトフォーワン）
9 高度 IT 利活用社会における今後の学校教育の在り方に関する有識者会議提言
（平成 29 年 10 月　東京都教育委員会）
10 小学校におけるプログラミング教育の課題・方向性
（鎌ヶ谷市立北部小学校　坂巻若菜・帝京大学教授 福島健介）

4 中学校・高等学校の情報教育を徹底しよう

― 大学入試におけるサイバーカンニングを教訓にして ―

はじめに

　2011年の2月下旬、京都大学での「英語」の試験中に電子機器（このときは携帯電話）を使ってweb掲示板に試験問題を投稿したうえ、寄せられた解答をもとに答を書いたという事象が公になり世間を驚愕させた。

　このほか、早稲田大学など3つの大学の入学試験問題が試験の最中にインターネット上の質問掲示板に投稿され、その数分後に解答が掲示された事象が明らかになり大きく報道された。

　このような状況下にある我が国の学校現場において、今後いかに対応すべきか、見解を述べる。

1．大学入試で大胆なサイバーカンニング

　京都大学など4大学の入試問題がネットの質問掲示板に投稿された事件で逮捕された19歳の予備校生は「ネット投稿がバレると思わず、騒動になって驚いた。」と供述している。

　予備校生の供述を読むと、全く罪悪感がないように受け取れる。「騒動を起こした」という低レベルにしか思考できない京大受験者の倫理観の欠如に怖い気がする。入試のカンニングを刑事事件として扱う初のケースとして注目されたが、京都地検は3月24日予備校生が投稿を軽い気持ちで実行したと判断し、刑事罰は求めず家裁送致とした。軽い気持ちだったで終わらせてよいのだろうか。試験監督者の目を盗んで、電子機器をあれほどの迅速さで駆使できるスキルを身に付けているのだから、過去にもかなりの場数を踏んでいたと推測できよう。

2. 社会問題化したサイバーカンニングの時代背景

　2004年に韓国の大学入試センター試験において、受験者約300名の不正行為が判明して大きな社会問題となり世界的にも注目を浴びた。

　今回の事件で驚いたのは、若者の情報リテラシー（活用力）の歪みである。インターネットの質問掲示板を開けてみれば答えやヒントが直ぐ分かる。とても便利なのだ。ネットが簡単に不正（カンニング）の道具として使われることだけでなく、自分の頭で考えることを避けてインターネットの向こう側に安易に答を求める者が多いことに気付く。

　この19歳の若者は2か月の間に21回も入試問題などについて質問掲示板で質問しているのだ。この頻度は他の利用者に比べ突出しているわけではない。ヤフーによれば、試験勉強や宿題を質問する「知恵袋」のコーナーは人気が高く、「数学」だけでいうと2004年開設以来、27万件以上の質問が寄せられたという。このツールを使えば確かに便利だが、答を出すに至るまでの努力や喜びを知らずに大人になってしまう恐れがある。

　以前も小中高校生の詩や短歌のコンクールにおいてネットからの盗作が相次いで発覚し、賞を取り消された事例があり、また学生がネットから論文などを盗作する事例も急増しているという。このことは制作途中での試行錯誤を嫌い、手軽に結果を得ようとする風潮があるといえる。

　若い世代は、いとも簡単にブログなどに名前、写真、住所、アドレス、校名など個人情報をサイトに書き込む傾向がある。また、コピペ（コピー＆ペースト）の横行でネット上の情報からの盗作（論文、詩歌、作文など）が増加しているという。盗作は悪事・悪行であり、触法行為である。図書館や書店で、自分が欲しいページを破り取る、盗撮するなどの不道徳な行為が増加している。また学校の電源コンセントから、平気でスマートフォン、携帯電話等の充電をする感覚が拡大している。

3. メディアの報道姿勢

　京都大学の入試問題ネット投稿事件についての報道では当初、実行犯が複数

あるいは組織的なものも視野に入れた取材内容だった。まもなく容疑者が特定され、一人の予備校生が逮捕された。

　少年犯罪の場合、成人の犯罪とは異質な部分が注目を浴び、教育問題として大々的に報道するケースが多い。これは読者や視聴者に強く印象付ける効果があるからだ。19歳の少年の犯行と分かってから報道姿勢が入試監督の甘さを問う声や危機意識が乏しいなどの見出しが目立った。逮捕された男子予備校生は、「一人でやった」と供述しており、入試会場で断続的に携帯電話を操作していたようだ。それにしても大腿部間や袖口の中で操るスキルには驚く。かなり前からこの手口を使っていたことが推測される。

　入試の公正さに対する信頼を大きく損なった事件として扱った記事や受験生への心理的影響を書いた新聞は少なかったように感じた。

　「大学の試験会場では不正行為がしやすかった。」という予備校生のコメントに、不正は悪事であり、やってはいけないことだという文言が記事の中になかった気がする。この事件報道の終盤に入って各紙は、入試実施側（大学）の監督不行き届きに焦点を絞って報道していた。報道記事にリアクション（抗議や反論など）を起こすのが比較的弱いとされる教育機関側の足元を見ているのではないか。

　これまでも数え切れぬほどの例がある。教員の指導を無視して事故や事件を引き起こした場合、未成年だということもあろうが、本人や保護者の責任などを問う内容はごくわずかである。「学校の安全管理、指導監督に問題はなかったか」というフレーズが必出される。いつからこのような記事スタイルになったのだろうか。「保護者の養育姿勢等に問題はなかったか。」というフレーズも書いて欲しいものだ。

4．カンニングの語源とその手口

　▽ 語源 ＝ 英語 CUNNING「ずるがしこい」の意からきている。正しい意味を表わすのは HEATING「不正行為」。生徒・学生が学校などでの試験の際、良い成績をとるために試験監督者の目を避けながら他人の答案や、隠し持ったノート、参考書を見るなど、不正を行う行為のこと。戦前からこのカタカナ用

語は流布していた。
　▽ 手口の種類
　　（1）カンニングペーパーという用語が昔からあるように、紙の小片に数字・記号や文字を書き込んでおき、試験時に盗み見したり、他の者に渡したりする。
　　（2）消しゴムや鉛筆に数字・記号や文字を書き込んでおいて、試験時に盗み見したり、渡したりする。
　　（3）受験者の手のひら等にあらかじめ書き込んだ情報を盗み見る。
　　（4）オブラート紙に数字・記号や文字を書き込んでおき、試験時に見て発覚しそうになったら飲み込む。
　　（5）隠し持った参考書やノート盗み見する。
　　（6）前後、横にいる者の解答を覗く、または覗かせる。
　　（7）音による暗号で解答のヒントを与えたり、得たりする。
　　（8）事前に不正な手段により試験問題を入手する。
　　（9）小型FM発受信機やミニトランシーバー等で外部と交信し、解答を得る。
　　（10）携帯電話・スマートフォン等の電子機器で、解答を得る。
　　（11）その他　今後、電子機器技術の開発による、想定外の手口も考えられる。

5．学校における具体的対応

（1）全教育活動で正義感、倫理観等を醸成する

　進学校を卒業した前出の予備校生は日常の学校生活において善悪の区別はつけられたのだろうか、楽をしたいからついやってしまう、ズルは悪いことだと認識していたのだろうか。多分その両方だろう。「こんな騒ぎになるとは思っていなかった。」では済まされないのだ。やはり幼少時から「ズルは悪だ！」「卑怯なことはやってはいけない！」と徹底して教え込むべきだろう。
　中学校・高等学校で扱う「情報」ではインターネットの使い方ではなく、善悪の問題を考えさせる情報モラル教育が欠かせない。

おそらく、前出の少年はネット上の通信記録から追跡されるほどの「悪事」だという感覚をもっていなかったのだろう。

　文部科学省（以下「文科省」という）は2012（平成24）年3月、平成24年度から使用される中学校教科書の検定結果を発表した。各教科とも内容は基礎基本の反復、発展的な学習を共に増やし、情報を使いこなす力、考える力、表現力の向上も重視している。国語科や社会科では、1つの事象を新聞、書籍、インターネットなど異なる情報源で調べる「情報を比較しよう」などのコーナーを充実した。指導に当たる教員は、様々な情報を得る心構えの中にモラル・エチケットを基盤に据えてもらいたい。

(2) 情報教育の充実・徹底に努める

　中学校では、技術・家庭科で「情報」を扱っている。教科書を取り出してみると、T社の技術分野の場合、全体が243頁構成になっていて、そのうち「情報」関連は89頁を占めており、実に約37％にあたる。

　主な内容を挙げると次のような項目である。

　　▼情報社会と自己責任（8頁）── 情報社会人としての責任、コンピュータウイルス、不正利用の防止、チャットのメリットとデメリット
　　▼情報社会の光と影（2頁）── 携帯電話のトラブルとマナー、電子掲示板からの被害、著作権の侵害
　　▼情報伝達の安全性とマナー（6頁）── ネット利用上の安全対策、ネットショッピングやオークション、著作権、個人情報の保護、知的財産権、電子掲示板の利用上の注意点

　以上のような情報社会におけるマナーや自己責任、安全性に触れた内容が16頁分に記載されている。残りの頁には、コンピュータを中心とした電子機器の原理・機能、リテラシーについて書かれている。しかし、これらの内容を3学年末までに履修できるかという懸念をもつ。

　文科省は平成15年度、ICTに関わるモラルとリテラシーを高校生に身に付けさせるために学習指導要領で「情報」の授業を必修化した。

　だが、この「情報」という教科は、3年後の調査で「世界史」「地理」と同じように受験に必須な「数学」「英語」などに転用されていることが明らかになっ

たのである。ある高等学校の教員は「現場では目先の受験が優先されて情報教育はなおざりにされている。」と話す。そのような現場で育った受験生が今回のような驚きの事件を引き起こしたのであろう。

　加えて、情報教育の担い手が不足している現状もある。また平成21年度の文科省調査によれば「情報モラルを指導する自信がない。」とする教員は約30％だった。コンピュータによって大量の情報が瞬時に処理される高度情報化時代では、まもなくその規模が大きく拡大されるクラウドコンピューティング時代に突入することは明らかである。その使い方を誤って、ネット社会に翻弄されないために、高校生や大学生などの若い世代に対する情報教育の充実が不可欠である。

（3）学校における試験実施上の対策

　学校の教員はネット質問掲示板（例：ヤフー知恵袋など）の存在をどのくらい認識しているのか、いささか心もとない。おそらく塾の教師を除いて少ないと思う。教員として悲しくも寂しいことだが、性悪説で臨まなければならないと考える。

　留意点を以下に示す。

① テスト監督者は試験開始前に口頭で「カンニングという不正行為は悪事、悪行であり、絶対やってはいけない。発覚した場合には、答案用紙没収、退室、処分等がある。」という旨を伝えることを徹底する。
② 筆記用具は机上に置かせ、机の中のもの、携帯電話・スマートフォンなどの電子機器もカバンまたはバッグの中に入れさせる。
③ 座席列の位置を毎時程で変えるようにする。
④ テスト監督者は、教室前方の椅子に座らずに、教室後方に立つなどして、絶えず机間指導をする。
⑤ 生徒側は不正行為がやり易い位置、やり易い教員を特定することもある。
⑥ 採点時に座席の前後者の解答用紙で、少し気になる表現（同一な文言や記号）には要注意である。

我が国の中学校や高等学校の定期テストなどにおいては、カンニングが発覚した時点において当該教科・科目、もしくはそれまでに受検した教科・科目の

全て、またはテスト期間中における全試験の点数が0点（無得点）にされることも過去にはあった。高度デジタル技術は時々刻々と変化・進化する。それを吸収し、会得していく能力は格段に若い世代が優れている。彼らを指導、育成する教員はぶれることのない信念をもって「バレる、バレないに関わらず、ズル（不正）は悪行だ！」ということを児童生徒たちに伝えてもらいたい。

6．高等学校指導要領案改訂のポイント「2018（平成30）年告示」

　プログラミングなどを学ぶ「情報Ⅰ」を必修科目として新設し、原則1年生で学ばせる。

　今は、「情報の科学」か「社会と情報」のいずれか1科目が必修で、プログラミングを含む「情報の科学」の履修は約2割にとどまっている。このため、「情報Ⅰ」と選択科目の「情報Ⅱ」に改め、「情報Ⅰ」で全ての生徒がプログラミング、ネットワーク、情報セキュリティーの基礎を学ぶようにする。

　プログラムの作成だけでなく、複数のプログラムの機能を組み合わせて活用することなどを想定し、情報モラルも合わせて身に付ける。

　全生徒へのタブレット端末の配布を目標に掲げる日本でも功罪の議論が盛んになっている。どんな使い方が子供たちの可能性を伸ばせるのだろうか。

◆ 参考・引用文献
1　文科省　学習指導要領　平成20年3月
2　「ヤフー知恵袋」（https://chiebukuro.yahoo.co.jp/）（2017年6月10日アクセス）

5 国際数学・理科教育動向調査／
　　国際学習到達度調査の結果
　― 基礎学力向上 理科離れの改善は未だ ―

はじめに

2016年11月29日、国際教育到達度評価学会(以下「IEA」という)が2015年に実施した「国際数学・理科教育動向調査(以下「TIMSS」という：Trends in International Mathematics and Science Study)」の調査結果を公表した。

それに引き続いて、2016年12月6日には、経済協力開発機構(以下「OECD」という)が2015年に実施した「生徒の学習到達度調査(以下「PISA」という：Programme for International Student Assessment)」の結果を公表した。

TIMSS2015では、「学習への関心や意欲の育成」、「理科離れは依然として解消していない」などが、今後改善を図るべき課題である。特に、教員自身のいわゆる「理科離れ」が深刻である。

PISA2015では、「PISAショックからの立ち直り」は見られたが、「読解力の低下」に課題がある。これらの課題についての見解を記述する。

1．TIMSS

TIMSSは1958年に設立され、67か国・地域の教育研究機関で構成するIEAが4年に1回実施する国際学力テストである。

IEAが行うTIMSSは、文化・社会・経済などそれぞれ異なった背景の下で、各国における教育条件と学習到達度との関係を研究するという目的で行われたものであり、必ずしも到達度そのものの優劣を比較するという意図をもつものではなかった。しかし、この調査結果は、日本の数学・理科教育、ひいては教育全体の水準の高さを示すものとして国際的にしばしば引用されるようになっ

た。
　TIMSSの調査は、初等中等教育段階における児童生徒の算数・数学及び理科の教育到達度を国際的な尺度によって測定し、児童生徒の学習環境条件等の諸要因との関係を分析することを目標としている。この調査は、各国の教育施策に役立てられてきた。
　同調査では小学校4年生と中学校2年生を対象としている。前回の調査に参加した小学校4年生の児童が成長した4年後（中学校2年）に再び調査を受けることになる。
　調査内容は、児童生徒を対象とした算数・数学、理科の問題のほかに、児童生徒質問紙、学校質問紙による調査が実施される。調査結果に基づいて、主に学校で学んだ内容について、「知識」「技能」「問題解決能力」の習得状況が評価される。
　戦後日本の教育が大きく注目されるようになった1つの契機は、IEAが実施した数学と理科の教育調査で日本の中学生が優秀な成績を収めたことにある。
　1964年の第1回数学調査（12か国参加）では日本の中学生の成績がイスラエルに次いで第2位となった。また、1970年に実施された第1回理科調査（19か国参加）でも、日本の中学生が最高の成績を収めた。さらに、1980～1982年及び1983年にはそれぞれ数学、理科の第2回の調査が行われ、ここでも日本の中学生は極めて優秀な結果を収めた。

（1）これまでのTIMSS結果とその経緯

　1995年からは、TIMSSとして、算数・数学と理科を同時に行うことになった。第1回調査は1995年、以後4年ごとに調査を実施してきた。2015年の調査は第6回目である。
　102ページの表から分かるように、日本の児童生徒の成績は算数・数学、理科ともに上位を占めている。
　また、児童生徒は引き続き学力を維持。向上を図るため、新学習指導要領においては、学習内容の削減はせず、時代の変化に対応した新しい教育に取り組むことができるようになっている。

▼ 表-1 日本の TIMSS の成績

	1995年	1999年	2003年	2007年	2011年	2015年
	順位 得点	順位 得点	順位 得点	順位 得点	順位 得点	順位 得点
小 算	3位 597点		3位 565点	4位 568点	5位 585点	5位 593点
小 理	2位 574点		3位 543点	4位 548点	4位 559点	3位 569点
中 数	3位 605点	5位 579点	5位 570点	5位 570点	5位 570点	5位 586点
中 理	3位 571点	4位 550点	6位 552点	3位 554点	4位 558点	2位 571点

（2）TIMSS2015 調査の結果と課題

　TIMSS2015 調査には、小学校は 50 か国・地域（約 27 万人）、中学校は 40 か国・地域（約 25 万人）が参加した。

　日本は、148 校の小学校 4 年生約 4,400 人、147 校の中学校 2 年生約 4,700 人が参加した。

　日本は全 4 教科の平均点でいずれも 1995 年の調査開始以来、第 3 回以降過去最高を記録した。

　日本の平均点は小学校 4 年生の算数が前回より 8 点高い 593 点、理科は 10 点高い 569 点、いずれも 2 回続けてアップした。

　中学校 2 年生の数学は 16 点高い 586 点、理科は 13 点高い 571 点と大幅にアップした。

　参加国順位では小学校 4 年生の理科が 1 段上がって 3 位、中学校 2 年生の理科が 2 段上がって 2 位となり、過去最高を更新した。小学校 4 年生の算数と中学校 2 年生の数学はいずれも前回と同じ 5 位だった。

　理科において、小中学校共に、前回調査と比較して、算数・数学と同じように、550 点未満の児童生徒の割合が減少し、550 点以上の児童生徒の割合が増加した。また、2003 年調査以降、550 点未満の児童生徒の割合が減少し、550 点以上の児童生徒の割合が増加している傾向が明らかになった。しかし、他の上位国・地域と比較すると、625 点以上の児童生徒の割合が低いことが課題と考えられる。

　テストを受けた小学校 4 年生は、1 年生の時から「脱ゆとり教育」から脱却して授業時間が増えた現行学習指導要領の対象となり、中学校 2 年生も先行実

施された現行学習指導要領で小学校3年生から学んできたことが、成績アップにつながったと考えられる。

　文部科学省（以下「文科省」という）は「理科の実験などを重視した現行学習指導要領下での学習や、2007年度に始めた「全国学力・学習状況調査」による指導改善が奏功した」と分析している。

　また、児童生徒の学力を引き続き維持・向上を図るため、新学習指導要領（2017年3月31日告示）においては、学習内容の削減はせず、知識・技能と思考力・判断力・表現力等をバランス良く着実に育むことができるよう指導の改善・充実を図るとともに、時代の変化に対応した新しい教育に取り組むことができる「次世代の学校」指導体制の実現に必要な教職員定数の充実を推進していきたいとしている。教職員定数の充実を切に期待して止まない。

　一方、数学や理科が「楽しい」「得意だ」と答える中学校2年生の割合は国際平均を下回り、学習への関心や意欲をどう育てるかに課題が残った。

　教育基本法第六条第二項に「……自ら進んで学習に取り組む意欲を高めることを重視して行われなければならない。」と明記されているように、教員は生徒が「学習意欲」を高められるように意識しながら、授業改善を図っていかなければならない。

（3）TIMSS 2015に参加した上位5か国の習熟度別の児童生徒の割合

　基礎知識の習熟度（理科）を調査するTIMSSにおいて、日本の小学校4年生の550点以上が44%、中学校2年生は39%で過去最高となった。小学校47の参加国の中で日本は第3位、中学校39の参加国の中で日本は第2位である。基礎学力が習得されてきたことが分かる。

　TIMSSは基本的な知識・技能に関する問題が多い。今回の日本の平均点は過去最高で基礎学力が向上したことは明らかである。一方シンガポールは全科目（算数・数学、理科）で首位を独占した。

（4）日本の質問紙調査の結果（理科）

　小学校においては、「理科は楽しい」と回答している児童は約90%となっており、国際平均を上回っている。しかし、中学校は66%で国際平均の87%を

21ポイント下回っている。また、「将来、自分が望む仕事につくために、理科で良い成績を取る必要がある。」と回答している生徒は51%で、国際平均の72%を21ポイント下回っている。この調査結果から依然として、「理科離れ」が解消しているとは考えられない。

2．PISA

　OECDが実施するPISAは、義務教育で習得した知識等を実生活に活用する力を問う調査で、実施は3年に1度である。世界の標準値を500点と設定し、偏差値化した得点で国・地域ごとに比較できるようになっている。

　義務教育修了段階（15歳）において、生徒が身に付けてきた知識や技能を、実生活の様々な場面で直面する課題にどの程度活用できるかを測ることを目的としている。また、調査結果の国際比較により教育方法を改善し標準化する観点から、生徒の成績を研究することも目的としている。

　PISAでは読解力(注1)、数学的リテラシー(注2)、科学的リテラシー(注3)など3分野について調査する。あわせて、生徒質問紙、学校質問紙による調査を実施している。

　調査プログラムの開発は1997年に始まり、第1回調査以後3年ごとに調査を実施してきた。2015年の調査は第6回目である。

　調査においては、毎回重点分野を決め、読解力、数学的リテラシー、科学的リテラシーの順番で移行する。2015年は科学的リテラシーが重点分野となった。

　PISA 2015から、コンピュータ画面上での出題・解答方式が導入された。日本では、全国198校の高校1年生計6,600人が参加した。

（1）これまでのPISAの結果とその経緯

　第1回PISA2000は2000年に始まり、今回のPISA2015で6回目に当たる。第1回PISA2000から第5回PISA2012までの経緯は次の通りである。

　　① 日本の学力が世界トップレベル時代

　　　1970年から1980年代におけるPISA2000では数学的リテラシーが1位、科学的リテラシーが2位、読解力が8位と、日本の生徒の学力は、世界のトッ

プクラスにあった。1970年代から2000年までの30年間にわたって、学力世界トップレベルを守り続けてきたことになる。

② PISAショック

　PISA 2003の調査結果では、PISA 2000で1位だった数学的リテラシーが2003年には6位、科学的リテラシーが2位から2位と順位は変わらなかったが、得点は550点から548点と2点低下した。読解力が8位から15位、全分野で順位を下げ成績が軒並みダウンした。

　PISA2006の調査結果では、日本は数学的リテラシーが10位、科学的リテラシーが6位、読解力が15位と、全分野で2003年よりも順位を下げた。学力が世界のトップレベルから転落したことが明確になった。

　PISA2003とPISA2006の調査結果を受けて、教育関係者には「PISAショック」という言葉で、日本の生徒の学力低下が問われるようになった。

　PISA 2006の調査対象となった高校1年の生徒は、詰め込み教育からの脱却を図った「ゆとり教育」を掲げた学習指導要領の下で、小学校6年生の時から授業を受けてきた世代である。「生きる力」を育むという理念に基づいて「確かな学力」を育成する教育であったが、十分な学力は身に付かなかった。

　文科省も「我が国の学力は世界トップレベルとは言えない」と危機感を強めた。2005年には「読解力向上プログラム」を策定し、2007年には、PISAと類似問題を出す「全国学力調査」を43年ぶりに復活させた。

③ PISAショックからの脱出

　PISAショック（2003～2006年）後、「ゆとり教育」から学力向上へと本格的にかじが切られた。文科省は2008年の学習指導要領改訂で、小中学校とも主要教科の授業時間を10％以上40年ぶりに増やし、「脱ゆとり」を鮮明にした。

　PISAショックからの立ち直りを目指し、学校では習得した知識の活用、柔軟な思考力や表現力、問題を解決する力などの育成を目指した授業の改善を進め学力向上を図ってきた。

　PISA 2012において、日本の生徒の正答率は、読解力、数学的リテラシー、科学的リテラシーなど、3分野で平均点が向上し無答率は減少した。学校での学習時間が増え、現場の教員の授業改善に向けた努力と教育政策の成果と

考えることができる。

（2）PISA 2015 調査の結果と課題

　PISA2015 は 72 か国・地域の 15 歳生徒約 54 万人を対象に実施された。日本は 198 校、約 6,600 人の高校 1 年生が参加した。

　PISA の 3 分野（読解力、数学的リテラシー、科学的リテラシー）で、今回重点的に調べたのは、現象を科学的に説明する等の科学的リテラシーである。

① 　日本の高校 1 年生「読解力」が課題

　　日本は数学的リテラシーが 5 位、科学的リテラシーが 2 位に順位を上げた。しかし、読解力は 8 位に下がった。

　　文科省は読解力の正答率の低下について「問題表示や解答が用紙での筆記からコンピュータの使用に変わったこと、読書量の減少などで、長文に接する機会が減ったことが原因の可能性がある。」と分析している。しかし、日米中韓 4 か国を対象にした 2014 年度の SNS に関する調査では、日本の SNS の利用率は、82.9% で、他国より 10 ポイント高かった。スマートフォンなど、SNS などの頻繁な短文のやりとりに慣れたり、情報を専らネットに頼ったりしているため、論理的な長い文章を読む機会が減っていることにも要因があると考える。また、文章や資料などから情報を把握し、論理的に自分の考えを記述する能力が低下しているようにも考えられる。

　　この結果を真摯に受け止め、論理的な文章を読み解いたり、身近な語彙の習得を促したりする指導の徹底が重要と考える。

② 　数学的リテラシーと科学的リテラシー

　　一方、数学的リテラシーは 2003 年以降で最高だった前回より 4 点低い 532 点だったが、5 位に上がった。科学的リテラシーの平均点は 538 点で、2006 年以降で最高であった前回より 9 点低いが、順位は 2 位に上がった。

③ 　PISA2015 上位アジア勢シンガポールが「3 冠」

　　調査に参加した 72 か国・地域別に成績をみると、上位にアジアの国々が目立つ。3 分野とも 1 位だったのはシンガポールで、TIMSS2015 の成績と合わせると 7 冠である。

　　シンガポールのトップ独占には理由がある。

シンガポールがマレーシアから突然独立をしなければならなくなったのが1965年、今からわずか50（2015年時点）年前である。その当時、シンガポールは小国で、独立当時はとても貧しく、教育レベルも低い国であった。
　世界の中で、生き抜いていくには教育が一番大切と当時の政府は考え、公用語を英語と定め、国をあげて教育の向上を推進してきた。そして、見事に世界でも有数の豊かな国へと変貌を遂げたのである。
　TIMSSやPISAだけではなく、ザ・タイムズ・ハイアー・エデュケーションの世界大学ランキングでも、NUS（シンガポール国立大学）はアジアトップ、そして世界で24位にランクインされている（2017年）。
④　日本では理数系は向上したが読解力は低下
　72か国・地域における日本の成績は、前述したように、読解力8位、数学的リテラシー5位、科学的リテラシー2位であるが、OECD加盟国（35か国）だけでみると、読解力6位、数学的リテラシー1位、科学的リテラシー1位だった。
　現行学習指導要領は、前述したように、算数・数学、理科を中心に学習内容が増えた。文科省は数学と科学の好成績を「実験や観察に力を注いだ授業の効果が大きい」と分析している。しかし、現場の教員の「PISA型」授業改善の努力もあったと考えられる。

（3）PISA2015 科学的リテラシー
　PISAは毎回3分野の1つを重点分野とし、調査時間の1／2を当てるほか、新たに作成した問題を出題し一部は公表されている。今回の重点分野となったのは科学的リテラシーでは、過去に出題した共通の85問と新規99問の計184問が出題された。日本の平均正答率は58％で、前回より5ポイント低かったがシンガポールに続く2位となった。「無答率」も3ポイント低くなり全体的に改善した。基礎的な問題では正答率が90％に達し成果が上がった。一方、中難度の問題の正答率は42％、高難度の問題の正答率は8％にとどまった。様々な状況を想定し、論理的に説明する問題などには課題がある。
①　科学的リテラシーを育成する3つの科学的能力
　PISA 2015の重点分野である科学的リテラシーの平均得点について、科学

的能力別でみると、日本は各能力とも国際的に上位である。しかし、「現象を科学的に説明する」能力と「データと証拠を科学的に解釈する」能力の2分野に比べて、「科学的探究を評価して計画する」能力が相対的に低い。しかし、シンガポールは、「科学的探究を評価して計画する」能力が最も高く、日本を24点上回っている。

② 習熟度レベルにおける日本の割合

調査分野ごとに、習熟度を一定の範囲で区切ったものを習熟度レベルと呼んでいる。習熟度レベルにおける、数学的リテラシーは7段階、読解力は8段階（2009年調査より）、科学的リテラシーは8段階（2015年調査より）である。

生徒の習熟度を8段階でみると、日本は15.3%が上位2層に入った。この割合はシンガポール、台湾に次ぎ3番目に高い。現象を科学的に説明したり、データを解釈したりする問題の成績は良好であるが、科学的探究を評価し計画するはやや低い。

③ 科学的リテラシーに関する意識調査

PISAの意識調査は毎回、読解力、数学的リテラシー、科学的リテラシーの3分野のうち、1分野に関する内容で実施することになっている。科学的リテラシーを取り上げたのは2006年以来である。

「科学の話題について学んでいるときは、たいてい楽しいかどうか」を質問した項目で「まったくそう思う」「そう思う」と解答した割合は49.9%（2006年比1.4ポイント減）で、OECD平均（62.88%）を12.9ポイント下回った。シンガポール（84.0%）や香港（75.8%）との差は大きい。

このような実態に文科省は「小学校で理科が好きでも、中学校ではより体系的に学ぶことが重視され、おもしろさを感じられなくなる生徒がいる」としている。非常に気になるコメントである。理科の成績は良くても学年が上がるにつれ理科をおもしろいと思わなくなり、生活や将来の職業とも結び付かないという現状が明らかになった。今なお「理科離れ」の傾向が解消されていないことは明白である。一方では教員自身のいわゆる「理科離れ」が深刻で授業改善に対応できるかどうかという不安もある。

◆ 注釈

注1 読解力
　　自らの知識と可能性を発達させ、社会に参加するために、書かれたテキストを理解し、利用し、熟考し、これに取り組むことである。
注2 数学的リテラシー
　　様々な文脈の中で数学的に定式化し、数学を活用し、解釈する個人の能力のことである。それには、数学的に推論することや、数学的な概念・手順・事実・ツールを使って事象を記述し、説明し、予測することを含む。この能力は、個人が現実世界において数学が果たす役割を認識したり、建設的で積極的、思慮深い市民に求められる十分な根拠に基づく判断や意思決定をしたりする助けとなるものである。
注3 科学的リテラシー
　　思慮深い市民として、科学的な考えをもち、科学に関連する諸問題に関与する能力である。科学的リテラシーを身に付けた人は、科学やテクノロジーに関する筋の通った議論に自ら進んで携わり、それには以下の能力を必要とする。
　　・現象を科学的に説明する：自然やテクノロジーの領域にわたり、現象についての説明を認識し、提案し、評価する。
　　・科学的探究を評価して計画する：科学的な調査を説明し、評価し、科学的に問いに取り組む方法を提案する。
　　・データと証拠を科学的に解釈する：様々な表現の中で、データ、主張、論を分析し、評価し、適切な科学的結論を導き出す。

◆ 参考・引用文献

1　TIMSS2015　国立教育政策研究所
2　OECD2015　国立教育政策研究所

6　日本の国土、海に守られている意識から　　海を守る意識への転換を

はじめに

　2014年4月4日の読売新聞夕刊の一面に、「小学校教科書　全教科に震災、尖閣・竹島『固有の領土』」の見出しが躍った。これは、2015（平成27）年度から小学校で使用する教科書の検定結果について、文部科学省（以下「文科省」という）が発表した内容を紹介したものである。小・中・高等学校で使用される教科書については、原則4年ごとに検定が実施されており、この時期に使用されていた教科書の検定は東日本大震災の前に行われたものであった。今回報道されたのは東日本大震災発生後に行われた教科書の編集・検定についての報道である。この結果、新しい教科書には東日本大震災に関する記述や写真が小学校社会科の高学年用教科書の全てに記載されることになった。そして、島根県の竹島、沖縄県の尖閣諸島が小学校の教科書に初めて「日本固有の領土」と明記された。このことに関連して、当時の下村博文文部科学大臣は「各学校で領土に関する指導の充実が図られることを期待している。」と談話の中で述べている。

　これまで、日本政府は歯舞諸島・色丹島・国後島・択捉島の北方四島の帰属をめぐって、ロシア連邦との間に領土問題は存在するが、竹島・尖閣諸島については日本の固有の領土であり、領土問題は存在しないという立場を取ってきた。しかし、日本の領土である竹島については韓国が実効支配を行っており、また、尖閣諸島周辺の接続水域（領海の外側約22.2km）や、あるいは日本の領海内に中国公船、時には原潜が侵入するなど、日本の領土でありながら、日本の領土であるということを認めない他国の動きが、これまで以上に強まっているという状況がみてとれる。

　このため、教育の場においても次代を担う児童生徒に日本の国土についての正しい理解と認識を身に付けることの必要性、重要性がこれまで以上に強く求

められているということができる。これまではユーラシア大陸、アメリカ大陸との間に存在する海が障壁となり、日本を守ってくれているという意識が日本国民には強かった。しかし、現代社会においては、この考えは過去のものとなりつつある。これからは日本の国境となる海は日本国民で守る、この意識を育てる。このことが強く求められているということができる。

国家とは、
（1）国土、すなわち国境によって限定された領土の広がりをもっているということ
（2）主権、すなわちその領土とそこに住む人々を統治する責任ある政府が存在するということ
（3）国民、すなわちそこに居住する人々が存在するということ
（4）その領土とそこに住む人々とを統合する政治的・経済的構造が存在するということ
（5）運輸、交通、通信網が統一的に整備されていること

の5つの要素が必要であるとされている。そのうち、（1）〜（3）、すなわち、領土、主権、国民の存在が特に重要である。一定の領土と国民を有し、他国の干渉・支配を受けることのない独立した存在、これが国家なのである。

1．2014年「中学校・高等学校学習指導要領解説」の改訂

前述の小学校教科書の検定結果の発表に先立つ2014年1月28日、文科省は「中学校学習指導要領解説・高等学校学習指導要領解説」の一部改訂を行ったことを発表している[注1]。

改訂の趣旨については、「我が国の領土に関する教育や自然災害における関係機関の役割等に関する教育の一層の充実を図るため、2008年7月に公表した『中学校学習指導要領解説』のうち、社会編の一部、また2009年12月に公表した『高等学校学習指導要領解説』のうち、地理歴史編及び公民編の一部について所要の改訂を行うことになった。」と述べている。

同時に、但し書きで「学習指導要領は、学校教育法等の規定の委任に基づき、文部科学大臣が告示として定める教育課程の基準で、法的拘束力があること。

また、学習指導要領解説は学習指導要領の記述の意味や解釈などの詳細について、教育委員会や教員等に対し説明するため、文科省の著作物として作成したものである。」と併記した。このように、改訂に際して、学習指導要領の法的拘束力を示していること、また、学習指導要領解説が文科省の著作物であるということを示したことで、国土についての学習の充実に強い期待を示したものと受け止めることができる。

　2014年6月19日の読売新聞の四面、「政治の現場」の記事の中に、内閣府が前年の2013年に実施した世論調査（竹島問題）についての紹介がなされている。この世論調査によると、竹島を「我が国固有の領土」と認識している人は61％にとどまっていること、また全体の28％の人が竹島に「関心がない」と答えていること、そのうちの41％の人が「知る機会や考える機会がなかったから」と学習の機会がなかったことを「関心がない」ことの理由として挙げていると紹介している[注2]。

　領土問題についての関心の低さの状況を踏まえ、また、東日本大震災という大きな災害を経験した後であるということを受けて、今回の学習指導要領解説の改訂は、第1に「領土に関する教育の充実」、第2に「自然災害における関係機関の役割等に関する教育の充実」を目指したものであるということができる。「領土に関する教育の充実」については、対象となる教科は、中学校では「社会の地理的分野、歴史的分野、公民的分野」の三分野全てである。高等学校では、「地理歴史の世界史A・世界史Bを除く、日本史A・日本史B、地理A・地理B」と「公民の現代社会、政治・経済」である。

　「自然災害における関係機関の役割等に関する教育の充実」について対象となる教科として、中学校では「社会の地理的分野」であり、高等学校では、「地理歴史の地理A・地理B」である。

　文科省が発表した「中学校学習指導要領解説、社会編（地理的分野）（抄）（全文でないので、抄が入っている）」では、これまで「……北方領土（歯舞諸島・色丹島・国後島・択捉島）については、その位置と範囲を確認させるとともに、北方領土は我が国の固有の領土であるが、現在ロシア連邦によって不法に占拠されているため、その返還を求めていることなどについて、的確に扱う必要がある。また、我が国と韓国の間に竹島をめぐって主張に相違のあることなどに

も触れ、北方領土と同様に我が国の領土・領域について理解を深めさせることも必要である。」と、指導すべき内容を示してきた。また、それに即した学習を行うことを求めてきた。これに対して今回の改訂では「……北方領土（歯舞諸島・色丹島・国後島・択捉島）や竹島について、それぞれその位置と範囲を確認させるとともに、我が国固有の領土であるが、現在ロシア連邦と韓国によって不法に占拠されているため、北方領土についてはロシア連邦にその返還を求めていること、竹島については韓国に対して累次にわたり抗議を行っていることなどについて、的確に扱い、我が国の領土・領域について理解を深めさせることも必要である。なお、尖閣諸島については、我が国固有の領土であり、また現に我が国がこれを有効に支配しており、解決すべき領有権の問題は存在していないことを、その位置や範囲とともに理解させることが必要である。（下線部分が変更部分である）」と改訂内容を示した。また、歴史的分野においても、「……『領土の画定』では、ロシア連邦との領土の画定をはじめ、琉球の問題や北海道の開拓を扱う。その際、我が国が国際法上正当な根拠に基づき竹島、尖閣諸島を正式に編入した経緯についても触れる。また、中国や朝鮮との外交も扱う。」ことが示されている。

　「高等学校学習指導要領解説」では、領土問題について、どのように取り扱われることになるのか。「地理歴史」の「地理A」を取り上げ、改訂の内容を確認することにした。「……我が国が当面する北方領土や竹島の領土問題や経済水域の問題などを取り上げ、国境のもつ意義や領土問題が人々の生活に及ぼす影響などを考察できるようにする。その際、我が国が当面する領土問題については、北方領土や竹島は我が国の固有の領土であるが、それぞれ現在のロシア連邦と韓国によって不法に占拠されているため、北方領土についてはロシア連邦にその返還を求めていること、竹島については韓国に対して累次にわたり抗議を行っていることなどについて、我が国が正当に主張している立場を踏まえ、理解を深めさせることが必要である。なお、尖閣諸島については、我が国の固有の領土であり、また現に我が国がこれを有効に支配しており、解決すべき領有権の問題は存在していないことについて理解を深めさせることが必要である。（下線部分が変更部分）」と述べており、北方領土に加えて竹島、尖閣諸島が日本の固有の領土であることをはっきりと明記した。この解説を踏まえた

Ⅱ　教育課題　　113

中学校「社会」の地理、歴史、公民の三分野の教科書、高等学校「地理歴史」の地理A・地理B、日本史A・日本史B、「公民」の現代社会・政治・経済の教科書編集が行われ、平成28年度において、検定結果が発表され、採択事務作業が進められてきた。また、教科書に記載されたということで、その内容について、学習指導要領の法的拘束力に基づく取扱いが求められたことになり、指導の成果が期待されるところである。

2．「我が国の国土についての学習」はどのように行われているか

　日本はアジア・東アジアの中でも特に東方にあり、ユーラシア大陸の東端に位置しており、太平洋の北西部に位置している。このため、欧米から見ると、はるか離れた東の場所にあるということから、極東（The Far East）、あるいは東洋（The East）と呼ばれてきた。日本の国土は地形的には全体的に弓形状をなしており、本州・北海道・九州・四国の日本列島と離島6,847島からなる島国である。

　日本の国土の学習については、小学校学習指導要領では、第5学年の社会の学習内容として、「（1）我が国国土の自然の様子（2）我が国の食料生産（農業・水産業）（3）我が国の工業生産（4）我が国の情報産業や情報化した社会の様子」の4つの項目が示されており、このうち、「我が国国土の自然の様子」の学習の中で、「地図や地球儀」の活用が求められている。また、「我が国の位置と領土、世界の主な大陸と海洋、主な国々の名称と位置」などについての学習を行うことになっている。

　中学校学習指導要領（社会）では、「地理的分野」の中で主に学習する。「地理的分野」の「（1）世界の様々な地域」の「ア　世界の地域構成　イ　世界各地の人々の生活と環境　ウ　世界の諸地域　エ　世界の様々な地域の調査」の中で、また「（2）日本の様々な地域」の「ア　日本の地域構成　イ　世界と比べた日本の地域的な特色　ウ　日本の諸地域　エ　身近な地域の調査」の学習において地球儀や地図の活用、緯度と経度、大陸と海洋の分布、主な国々の名称と位置、地域区分、日本の国土の位置、世界各地との時差、領域の特色、地域区分などについての学習を行うことになっている。

高等学校学習指導要領（地理歴史）では、「地理Ａ・地理Ｂ」で主に学習が行われる。例えば、「地理Ａ」では、「球面上の世界と地域構成の学習の中で取り上げられている。地球儀と世界地図の比較、日本地図の描写を通して地球表面の大陸、海洋の形状、各国の位置関係、方位、時差及び日本の位置と領域などについてとらえる。」となっている。

　このように、日本の国土については、小学校、中学校、高等学校の段階でそれぞれ学習が行われている。当然、日本の国土についての認識が深まっているものと受け止めたい。

3．「日本の国境線」はどこに存在するのか

　国家とは、一定の領土（領海・領空を含む）をもち、そして一定内の領域に住む人々（国民）に対して、権力（政府）によって社会秩序をつくる仕組みがあり、外国からの干渉と支配を排除する権力（主権）を有するものであるとされている。

　国境線は国家と国家との版図を区画する境界線で、国家、領土、主権の及ぶ限界（境）である。国境には自然的国境と人為的国境とがある。

　領海とは、沿岸に沿って一定の幅をもつ帯状の海で、国家領域の一部である。領海の範囲は、18世紀に砲弾の着弾距離を基準として、干潮時の海岸線から3海里（1海里は1,852ｍ）以内を領海とすることが、国際慣習法上認められ、1928年のストックホルム国際法会議、1930年のハーグ国際法典編纂会議でもこの領海3海里を支持する国が多かった。しかし、国によって主張が異なり、1958年の第一次国連海洋法会議、1960年の第二次国連海洋法会議でも、意見調整ができず、3海里から200海里まで、各国が主張する領海の考えがまかり通っていた。1973年に行われた第三次国連海洋法会議において、海洋法条約草案が採択され、18世紀以来懸案となっていた海の国際法が、初めて統一的な内容としてまとめ上げられたのである。領海は「12海里を超えない範囲」、「領海12海里を含む200海里において沿岸国の漁業及び鉱物資源に関する支配権を認める水域」が、排他的経済水域（EEZ：exclusive economic zone）として確定したのである。日本は1977年に「領海及び接続水域に関する法律」（領

海法）を定め、「領海 12 海里（約 22.2km）」を採用することになった[注3]。

　では、日本の国境線はどこに存在するのか。国境を表す英語には、BorderとBoundaryの二つがある。Borderは国境地帯という場合に使われている。現代の国境は線であるところからBoundaryが適当といわれている。国境は陸上にある場合、あるいは海上、湖上にある場合もある。日本は海洋国家である。国境線は海上にある。領海の外側の縁辺が国境ということになる。

　日本は海上に国境があり日本の国境線を越えて日本国内に入ってきても国境侵犯を強く意識することがない。陸上の国境のように鉄条網などで区切られ、すぐ目の前が他国であるという状況に直面していないことに起因する。国境線が地図上では確認されるが、実生活の中で国民に意識されることは少ない。このことが日本国民の間に日本の国土についての理解や認識あるいは関心が高まらないという結果を招いているということができる。

4．「日本の国境はどこ？」、高校生の認識は

　2012年5月16日、MSN産経ニュースは、兵庫県西宮市の若手経営者でつくる西宮青年会議所（西宮JC）が、西宮市内の高校生を対象に、千島・樺太と北方四島、日本海、東シナ海（南方）の三種類の地図を示して、日本の国境を描いてもらうという調査を行ったことを報じた。この調査は2011年12月から2012年3月にかけて行われ、有効回答数は3,223人であった。

　調査の結果、北方（千島・樺太と北方四島）の国境を正解できたのは444人、13.8％、日本海の国境を正解できたのは197人、6.1％、東シナ海（南方）の国境を正解できたのは660人、20.5％であった。全問正解できたのは57人で、1.77％であったという。中国公船による尖閣諸島の接続水域、あるいは領海侵入が繰り返し行われている東シナ海（南方）方面の正解率は高かったが、北方四島や竹島が分からないという生徒も多かったという。生徒の大半が国境について正しく認識していないという状況、この結果について、調査した西宮JC青少年委員会では、「全体的に自信満々で答えた生徒は少なく、昨年7月に日本JCで行った全国の高校生を対象にした調査と同じ結果であった。結果は生徒の問題ではなく、生徒にきちんと国境について教えてこなかった大人の問題。」と

コメントしている。このコメントは、これまでの学校教育の中で領土問題を自分たちの問題として十分に取り組んでこなかったことへの問題提起であると受け止めることができる。

また、拓殖大学濱口和久客員教授は、2014年2月11日のNet IB Newsの中で、「日本の国境線を言えますか」との問いかけを行っている。そして、次のように述べている。「【日本の国境線（領土）を正確に言えますか？】と質問して、正確に答えられる日本人がどれだけいるだろうか。学問的に研究している人、自衛官、海上保安官を除いて、日常の仕事や生活で、国境線（領土）を意識することはほとんどない。【それは国家の問題であり、個人には関係ない】と思っている日本人がほとんどである。そして、日本人は誰もが自由に国境線を通過できるものと考えている。しかし、世界には出国はおろか、パスポートの取得さえ自由にできない国があるということを知るべきである。」と述べている。

「領土問題は個人の問題である。」と考えること、これは一人一人が自分の住んでいる場所を守るという意識を身に付けるということである。「自国の領土が不当に奪われている状態をそのまま放置している国家を主権国家ということができるか。」という問題提起は、主権者である国民一人一人が国家の形成者であるという自覚と行動ができているかについて確認を求めるものである。自分の家（土地）に他人が勝手に入ってきて居座り、「ここは今からおれの家だ、お前は出ていけ。」と言われるとき、黙って認めるのかということと同じである。領土問題を個人レベルの問題に置き換えて考えることで、日本人一人一人に当事者意識が生まれてくる、このような取組が学習を通して意識的に行われることが大切である。

5．国土についての認識を深める努力を

日本は国土の全てが島から成り立っている島国である。太平洋の北西部に位置する日本は、本州・北海道・九州・四国などからなる日本列島を中心に、南に延びる伊豆・小笠原諸島、南西に延びる南西諸島（沖縄本島など）、及び北東に位置する北方四島（北方領土）からなり、全体として弧状列島を形成している。地球上の位置関係では、日本はおよそ東経120度から150度、北緯20

度から45度の間に位置している。北緯20度から45度の間に位置している日本は、赤道と北極との間の真ん中ぐらいに位置していることになる。北半球の中緯度地方に位置しており、この中緯度地方に位置する国は中国、イランやイラク、トルコ、スペインなどの国々であり、太平洋をはさんでアメリカが同じ位置にある。

　日本の東西南北の端にある島々について確認すると、最東端は南鳥島（東京都）で、東経153度59分11秒、北緯24度26分59秒の位置にある。最西端は与那国島西崎（沖縄県）で、東経122度56分01秒、北緯24度26分58秒の位置にある。最南端は沖ノ鳥島（東京都）で、東経136度04分11秒、北緯20度25分58秒の位置にある。最北端は択捉島（北海道）カモイワッカ岬で、東経148度45分14秒、北緯45度33分28秒の位置にある。

　周囲が海に囲まれている日本は、国境線が日本列島及びそれを取り巻く島々の海岸線（基線）から海側に12海里（約22.2km）までの領海とその外側に接続水域（12海里）、そして領海、接続水域を含んで、海岸線（基線）から200海里までの範囲を排他的経済水域（EEZ）として、日本がその水域全てで資源（生物、非生物を問わず）の探査、開発、保存、管理及び同水域の経済活動について排他的な管理権をもっている。海底にはおよそ10兆円を上回るという海底資源が眠っているといわれ、海底のメタンハイドレートに含まれるメタンガスの量は国民のガス消費量の100年分をカバーできるといわれている。その他、ニッケル、コバルト、マンガンなどの鉱物が豊富に存在するとされている。

　日本の総面積は現在37万7,947平方kmである。日本政府が主張している日本の排他的経済水域（EEZ）は領土面積の約12倍の約405万平方kmの広さとなり、領海と排他的経済水域（EEZ）を合計すると約447平方kmの広さとなり、世界では第6位の面積を有する国となっている[注4]。

　多くの海底資源を有する排他的経済水域（EEZ）は日本に多くの恵みを与えてくれている。日本を取り巻く周辺の国々がこの経済的利益を生み出す日本を取り巻く海域に進出したいと考えるのも当然である。日本の側から考えると、日本の領土である島が1つでも失われてしまうということは、その島の周りの領海と排他的経済水域、そこに含まれている多くの資源を失うということである。日本と周辺の国々との間との対立関係、これは単に領土の支配、領有とい

う問題だけで終わらないのである。背後に経済的進出という問題を抱えているということにも目を向ける必要がある。学習指導要領の改訂で新たに加えられた竹島、尖閣諸島についての学習においても、日本の現在の領土を保持することが、日本の経済活動における優位につながっているということを生徒に認識させる必要がある。

　例えば、沖ノ鳥島の価値について考えてみよう。日本の最南端、沖ノ鳥島の価値は「海洋法に関する国際連合条約」によって排他的経済水域（EEZ）が設定されたことで高まった。この島を中心とする半径200海里の排他的経済水域（EEZ）は約40万平方kmになり、この広大なEEZがもたらす領有権益、特にレアメタルの存在は注目されている。この沖ノ鳥島に対して、この海底資源に注目し、また中国艦船の自由航行を求めて、中国は岩であると主張して、日本の沖ノ島領有に否定的な主張を行っている。

　もし沖ノ島を失うことになれば、この島を中心とする日本の排他経済水域（EEZ）の権益は失われ、日本の経済的損失は甚大なものとなることを認識しておく必要がある。

　海には国境線が見える形で引かれていない。どこの国の船舶であれ自由に航行できる。領土侵犯ができる。このような行為を許さない、このためには日本国民として教育の場において領土を守る意識を育てることが重要になってくる。日本は海に守られているではなく、海を守るという意識をもって国土の保持に努めることが重要である。小中高の校種で学ぶ内容を整理して、その理解と認識を深める学習を進め、その定着を図る必要がある。

　今後、日本の人口は減少する。この広い国土をどう守り、維持していくのか、大きな課題である。児童生徒に国土に対する関心を高める、その意識を育てる。そして自国の良さを認識させる。今、教員には大きな課題が課せられている。教員自らが国土を守るという意識をもつことが求められている。教員一人一人がこのことを強く認識し、課題に取り組む必要があると受け止めることが重要である。

◆ 注釈

注1　新学習指導要領　生きる力
　　　（中学校学習指導要領解説、4 高等学校学習指導要領解説について）
　　　文部科学省　2014年1月28日
注2　「竹島に関する特別世論調査」　内閣府　2013年8月26日
注3　「海洋の国際法秩序と国連海洋法条約」　外務省　2017年4月3日
注4　nikkei4946.com「領海と排他的経済水域　～海の国境について知る～」
　　　（https://www.nikkei4946.com/zenzukai/detail.aspx?zenzukai=183）
　　　（2018年6月19日アクセス）

Ⅲ　学習指導

1 教員のICTリテラシーを高め、
　　ICT機器を活用した学習を充実させよう

はじめに

　2013（平成25）年8月15日付の読売新聞の記事に、「OECD（経済協力開発機構）の2009年調査では、授業でコンピュータを使っている児童生徒の割合は、日本では、国語科1％、スウェーデンは54％、韓国は27％（OECD平均26％）、算数・数学科1.3％（同15.8％）、理科1.0％（同24.6％）と諸外国に大きな遅れを取っている。」とあった。

　また、同年10月7日の報道では「国際電気通信連合（ITU）が157か国・地域のICTの発達度を比較した2012年のランキングを発表した。1、2位は韓国、スウェーデンで日本は12位となり前年より4つランクを落とした。」とある。上記の記事は、「ICTの立ち遅れが指摘されているだけでいいのだろうか？」というニュアンスの報道があったが、前後して、OECD（経済協力開発機構）による24か国の16〜65歳の男女を対象に初めて行った「国際成人力調査（PIAAC）」結果が2013年10月8日に公表された。これは、仕事や日常生活で必要となる能力の習熟度を3分野で調査したものである。

　日本は「読解力」「数的思考力」の平均点でトップを占めたが、「IT活用能力」分野で10位に止まった。特に若い世代の成績が振るわず、情報教育の立ち遅れが要因の一つであるとの声が出ている。日本人の16〜24歳は、パソコン（以下「PC」という）による調査拒否の割合が12.9％に上った。

　学校でのIT活用を支援する企業で作る「ウィンドウズクラスルーム協議会」の会長は「若者は情報機器に慣れたイメージがあるが、日本ではスマートフォンで動画やメールを見るなど、受動的な使い方に止まっている。」と指摘している。また、「日常の仕事や生活で主体的にIT機器を使いこなす一部の層と自己嗜好を楽しむだけの層の格差が広がっているのではないか。」と話している。

　電車内や街中で散見される、若者のスマホに注ぐエネルギーは決してプラス

の知的能力に昇華されていないことが分かる。

　また、情報教育の遅れや教員の指導力不足の声も聞かれる。

　このような状況下にある我が国の学校現場において、今後いかにすべきかの課題に正対して見解を述べる。

1．日本の現状

(1) 中高校生のネット依存症候群は51万人　～厚生労働省研究班推計～

　ゲームやEメールなどに夢中になり過ぎてやめられず、インターネットへの依存度が大きいとみられる中高生は、全国に51万8,000人いるという推計数を厚生労働省（以下「厚労省」という）の研究班が2013年8月1日に発表した。これは、中高生のアンケート調査から割り出したもので、依存が強いほど睡眠などに悪影響が出る実態が浮き彫りになった。同研究班は「ネットの利用時間を区切るなど、夢中になる前の指導が大切だ。」としている[注1]。

　研究班は2012年10月～2013年3月までに無作為抽出した中高生計264校約14万人に対してネットの利用状況を問う調査票を配り、179校約10万人から回答を得た。その中で、ネットへの依存の強い中学生は6.0％、高校生は9.4％いた。全国の中高生数（約680万人）から推計すると、中学生約21万人、高校生約30万5,000人がネットの依存が強いとみられる。このことで睡眠や栄養に悪影響が心配されるという。

(2) 文部科学省の「教育の情報化ビジョン」

　文部科学省（以下「文科省」という）は2011年4月にまとめた「教育の情報化ビジョン」の中で、「学びのイノベーション（技術革新）」を打ち出している。

　ICTの導入により一斉指導による学び（一斉学習）だけでなく、子供たち一人一人の能力や特性に応じた学び（個別学習）や、子供たち同士が教え合ったり学び合ったりする協働的な学び（協働学習）を推進し、2020年度までに全学校で21世紀にふさわしい学びを実現しようというものである。新学習指導要領では、「習得・活用・探究」の学習活動をバランスよく行うことを重視しているが、その実施のためにもICT機器が大いに役立つといえる。もちろん、

それには一人一台のタブレット端末など情報機器の整備が大前提である。

(3) 文科省が小中学生の情報活用能力を初調査
　文科省は 2013 年 10 月から、小学 5 年生と中学 2 年生を対象に、情報活用能力を測る初めての調査を実施した。
　情報社会に必要な力がどの程度、身に付いているかを調べたものだ。国公私立校の小 5 と中 2 が対象で、それぞれ 100 校 3,000 人程度を抽出して、2014 年 11 月までかけて順次実施した。（この調査は PC を使って出題し、画面上で解答させる方式）
　グラフなどの図表や文章などの情報を理解し、処理する力などを測る。出題範囲は、小 5、中 2 までに習う、国語、算数・数学、理科、社会などの全教科と道徳などで実施することが想定される学習活動だ。選択式だけでなく、記述式の問題もある。調査時間は、小 5 が 90 分、中 2 は 100 分。PC や携帯電話の使用状況などを質問する調査も併せて実施した。
　文科省は結果を分析した上で、新学習指導要領で進める情報活用能力の育成状況を把握し、今後の指導改善に生かす考えだ。

(4) 情報通信技術（ICT）を活用した学びを推進する予算
　児童生徒の確かな学力の育成を図るため、ICT を活用した教育の効果や指導方法に関する研究・地域における先導的な教育体制の構築に資する研究を実施するとともに、デジタルコンテンツの充実や利用を促進する。
① 　情報通信技術を活用した教育振興事業の新規予算 3 億円
　ICT を活用した教育の推進を図る上で、教育効果の明確化、効果的な指導方法の開発、教員の ICT 活用指導力の向上策の確立が不可欠であり、これらの課題を解決するための実証研究を行うとともにデジタル教材等の充実や、児童生徒の情報活用能力に関する調査研究を実施する。
② 　先導的な教育体制構築事業で新規予算 1 億2,200万円
　総務省との連携のもと、各地域において ICT を活用し、学校間、学校・家庭が連携した新しい学びを推進するための指導方法の開発、教材や指導事例等の共有など、先導的な教育体制構築に資する研究を実施する。

③　教育用コンテンツ奨励事業に拡充予算3,200万円
　教育上価値が高く、学校教育または社会教育に利用されることが適当と認められる教育映像等審査の対象に、新たにデジタルコンテンツを追加し、デジタルコンテンツ作品の普及、利用促進を図る。

(5) 文科省の ICT 予算
　文科省は 2013（平成 25）年 8 月 28 日、公立の小中学校でタブレット端末など ICT を活用した教育を充実させるため、2014 年に全国 40 の自治体をモデル地域に選び、補助事業を行う方針を固めた。平成 26 年度予算の概算要求に 17 億円を計上した。
　モデル地域は自治体の希望に基づいて選ぶという。学校で使うタブレット端末や PC など教材の購入費や教室への無線 LAN の配備、子供たちの指導に当たる民間人など「支援員」の人件費などが補助対象となる。文科省は、平成 27 年度もモデル地域を追加し最終的に 100 自治体とする方針を示した。

2．日本社会の ICT 状況

(1) ICT に関する動向
　米国、韓国、中国の IT 企業のイノベーション・戦略による影響が大きく、我が国でもノート PC からタブレット PC へ、従来型携帯電話（ガラケー）からスマートフォン（スマホ）へ、電子書籍読み取り器へと新型デジタル機器転換のスピードが加速されている。

(2) 教科書会社 12 社連合がデジタル教科書の実証開始
　デジタル教科書の仕様や操作方法の統一を進めている教科書会社 12 社の企業連合が京都市にある立命館小学校で実証実験をスタートした。
　教室でデジタル教科書を使ってもらい、教員らの意見を受けて改善する。
　2014 年 3 月以降、全国で研究協力校を増やし、2015（平成 27）年度の小学校教科書の改訂に合わせた実用化を目指す。

3．教員と児童生徒のタブレットリテラシーを向上させる方策 ^(注2)

　教員のICTリテラシーは低いのではという懸念の声もあるが、学校にはすでにPC、電子黒板、プロジェクタ等が配備されている。しかし、地域や学校間に温度差があることは否めない。昨今、これら教育用情報機器に仲間入りしたのがタブレット端末である。各学校に教員の私物を含めて何台あるかは、現在、調査データがないが、タブレットの操作については不得手な教員が少なくないことを指摘しておきたい。

（1）タブレット端末とは

　タブレット（板状）端末はかなり前から存在していたが、低機能だったので一般には認知度は低かったが、2002年にPC機能を盛り込んだオールインワン（一体化）PCが発売されてから、PCの周辺機器としてのみならず、デスクトップPCやノートPCのようなPCの一形態といわれるようになった。

　2010年に米国のA社がiPadを発売して以来、急速に進化してユーザーが世界的に拡大していった。2014年になってから我が国でも利用者が増えて、2015年にはタブレット端末の出荷台数がノートPCを上回ると予測された。大手家電量販店でも、タブレット端末（携帯情報端末）という呼称からタブレットPCと呼ばれるようになってきた。

（2）種類：

　画面の大きさ　見易さと重さで10〜11インチが望ましい。

（3）基本ソフト（OS）：

　G社のandroid。A社のios。MS社のwindows RT.8.1等

（4）価格：

　画面サイズ、画質、CPU、メモリー容量等で、幅広い価格幅がある。10〜11インチで4〜10万円。（オープン価格）

　教員の私物として購入する場合は、大手量販店やネットショップで2万8千

円台から購入できる。スペック（仕様）とレビュー（ユーザーの評価・感想）にも留意する必要がある。

（5）タブレット端末のメリット（長所）：
　個人持ちで、どこでもいつでも使える。タッチスクリーンに指先の動作で操作できる。他のICT機器と接続して情報の共有化ができる。（スマホや電子書籍も含む）

（6）デメリット（短所）：
　電池（バッテリー）のもちが比較的短いので、繰り返し充電が必要。教育活動に有害なアプリ（応用ソフト）が組み込まれている場合は、前もって削除する必要がある。

（7）教員のタブレット端末のリテラシーを高める研修
　①　ハード面では、操作研修を民間事業者等、外部指導者（地域人材）を活用するなどして、効率的な研修を実施する時間と場の設定がキーポイントになると考える。
　②　ソフト面では、協働学習用ソフトの導入、開発及びその活用・指導法について、国・都・区・市町村の研究協力校、研究奨励校、研究推進校、研究指定校などを受けて、予算を確保するとともに校内プロジェクトチームや区・市町村内においてプロジェクトチーム等で推進することが重要である。

4．土曜授業のモジュールにICT機器の活用

　文科省は平成26年度から、小中高生らの学力向上に向け、月1回の土曜授業を行う公立学校への補助制度を設ける方針を決めた。
　地域の人材を講師にするなどし、月1回以上実施することを想定している。地域と学校のつながりをより強めることもねらう。講師謝金や教材費など土曜授業に必要な費用を補助して実施自治体を後押し、来年度から3年間で全公立学校で土曜授業を目指す。来年度はまず、全公立学校の約20％に当たる計6,700

校に対する補助を行う予定で、平成26年度予算の概算要求に計20億円を盛り込んだ。
　2013（平成25）年の秋、省令を改正し、自治体の判断で実施できるようにした上で、補助制度の創設で土曜授業を実施しやすくするのがねらいだ。
（1）土曜授業推進事業　新規予算　1億500万円
　学校における質の高い土曜授業を推進するため、土曜日ならではのメリットを生かした効果的なカリキュラムの開発、特別非常勤講師や外部人材、民間事業者等の活用を支援するとともに、その成果の普及を図る。指定地域は約35地域（約175校程度）。
（2）地域の豊かな社会資源を活用した土曜日の教育支援体制等の構築事業　新規予算　13億3,300万円
　地域の多様な経験や技能をもつ人材・企業等の豊かな社会資源を活用して体系的・継続的なプログラムを企画・実施する取組を支援することにより、土曜日の教育支援体制の構築を図る。（補助率　1／3）　小学校3,000校区、中学校1,500校区、高等学校350校区。
　このように教育行政サイドの環境整備が行われているなか、学校では自校の実態を踏まえ、土曜授業のモジュールにタブレット端末等のICT機器の活用を組み入れる絶好の機会だと考える。その実施には校長の強力なリーダーシップを期待したい。

5. タブレット端末を学校教育に活用・導入している区・市（一部紹介）

（1）墨田区（学校数　小 ― 25校　中 ― 11校）
　PC教室の更新年度にあたる小中学校7校（小学校3校、中学校4校）を対象に、各40台のタブレット端末（12.5インチ型）に替えた。このタブレット端末は無線LANを使って各教室に持ち込み、協働学習できることを視野に入れて協働学習用ソフトウエアや電子黒板連携システムも導入、併せて、プロジェクタ、マグネットスクリーン、プロジェクタ設置台も整備した。現在教員の操作研修を順次実施している。

（2）荒川区（学校数　小 ― 24校　中 ― 10校）

　平成26年度、荒川区立小中学校の児童生徒は約11,200人。小学校24校、中学校10校にタブレット端末の配備計画を立てた。

　区立小中学校には各教室に電子黒板があることから、タブレット端末と電子黒板との連携を図りながら協働学習やコミュニケーション能力の育成などと学力向上に役立てるねらいだ。平成25年度はモデル校として、小学校3校を指定。タブレット端末の運用方法、導入効果の検証、運用マニュアル、指導案の作成などを目指した。

（3）葛飾区（学校数　小 ― 50校　中 ― 24校）

　総務省「フューチャースクール推進事業」及び文科省「学びのイノベーション事業」の実証校・区立本田小学校では、子供たちがタブレット端末で画面を共有し、学び合う協働学習を行っている。1年生からタブレット端末の基本的操作に慣れており、協働学習用のソフトを使った学習など、様々なスキルを習得している。このスキルを下地にしてタブレット端末の画面を転送して発表し合うことにも活用している。

（4）日野市（学校数　小 ― 17校　中 ― 8校）

　平山小学校では「ICT絆プロジェクト」により、個別学習や協働学習に力を入れている。同校校長は、「ITを駆使して問題を解決する力は、これからの社会を生き抜く子供たちに不可欠。国や自治体は学校への機器の配備や教員の指導力向上に力を入れるべきだ。」と話している。

　ほかにも、渋谷・本町学園、拝島三小、狛江市、多摩市の事例が目を引く。

6．佐賀県武雄市におけるタブレット端末を活用した先行事例「反転授業」

　武雄市ではICTの活用に熱心な市長の主導で、平成22年度から市立2小学校の4～6年生に1人1台ずつタブレット端末を配布しており、平成26年度からは全小学生に、平成27年度からは全中学生に広げることにした。

　2014（平成26）年に杉並区立和田中学校元校長が同市教委幹部に就任後、

「反転授業」(注3)のアイデアを提案した。同市は、子供があらかじめ自宅で授業の動画を見て予習をしておき、学校では話し合いや以前なら宿題などに任せてきた「課題学習」を充実させる「反転学習」の実証実験に入ることを決めた。まず小学校1校で試行し、いずれは全校に広げたい考えだ。反転授業が実現すれば、子供はあらかじめ家で授業の動画を見て基礎的な知識などを身に付けておき、学校では「対面授業」で話合い活動などに十分な時間を割いて「活用」の力を伸ばす……といったことができる。ただし、子供に十分な予習の習慣や学習への意欲などを身に付けさせることが大前提になることは言うまでもない。教員側にとっても、教室で教え、自宅での復習を求めるというこれまでの指導法が一変することになる。教員の役割は、「教える」から「促す」に変わり、子供の主体性を引き出す技術を高めることが求められる。教員主導の指導法に慣れ切った教員には過度な負担になるとの声も聞かれる。またICT機器が苦手な年配の教員には相当なストレスになることも予測される。

　武雄市教委は2015年5月16日、有識者や教科書会社などを交えて、「反転授業」の効果や課題を検証する研究会を設置した。同市の実証実験の取組と今後の研究結果に大いに注目したい。

　結びに、教員や子供たちには、機器を使いこなすスキルも大切だが、インターネットを活用する適切で基本的な考え方、マナーやルールを身に付けさせることが極めて重要であると付記しておく。

◆ 注釈

注1　中高生のネット（含むスマホ）依存度：受動的情報収集（動画など）と拘束時間の拡大等が懸念される。
注2　リテラシーとは読み書き能力、活用能力をいう。本稿では、ICTに関する知識、活用能力を指す。
注3　「反転授業」は、基礎的内容等を学校で教わり、家で復習するという従来のやり方を逆転させた授業のこと。英語で「reverse instruction」「backwards classroom」といわれ、2000年頃から米国で実践されている学習環境の創出理論。［ベネッセ教育情報サイト］

◆ 参考・引用文献

1　文科省　「情報活用能力調査」　平成 25 年 10 月
2　文科省　「教育の情報化」　平成 29 年 4 月

2 人間としての生き方について考えを深める道徳の授業を推進しよう（中学校）

はじめに

　2015（平成27）年の学習指導要領一部改正により、従来の「道徳」が「特別の教科　道徳」になり、その改善・充実の方向が示された。改正の要点は、いじめ問題への対応の充実や発達の段階をより一層踏まえた体系的なものとするための内容の改善と、多様で効果的な指導方法の工夫、一人一人のよさを伸ばし、成長を促すための評価の充実等である。

　これからの道徳教育は、生徒に特定の価値観を押し付けたり、主体性をもたずに言われるままに行動したりするような指導ではないことや、生徒が多様な価値観の、時に対立がある場合を含めて、誠実にそれらの価値に向き合い、道徳としての問題を考え続ける姿勢を大切にすること、また、答えが一つではない道徳的な課題を生徒が自分自身の問題と捉え、向き合う「考える道徳」「議論する道徳」へと転換することが求められている。

　また、これからの時代に生きる生徒は、様々な価値観や言語、文化を背景とする人々と相互に尊重し合いながら生きていくことが今まで以上に重要となっている。そして、一人一人が、高い倫理観をもち、人としての生き方や社会の在り方について、多様な価値観の存在を認識しつつ、自ら考え、他者と対話し協働し、よりよい方向を模索し続けるために必要な資質・能力を備えることが求められている。

　こういう中で、生徒が道徳的諸価値について理解しながら、自己を見つめ、他の人と対話を重ね、人間としての生き方についての考えを主体的に深めていく道徳授業が必要である。

　今後、道徳科の授業を改善するための指導方法の工夫と評価の在り方について述べる。

1．「道徳の教科化」が求められる背景

　生徒の現状を考えたとき、学校では道徳教育を十分に行っていないのではないか、学校によって道徳教育に温度差があるのではないか、という指摘が今まででもあった。

　これまでも、道徳教育に熱心な学校や研究会で道徳授業の在り方の研究はされてきた。しかし、積極的ではない学校や教員との差が大きいことも確かである。そして、各教科等との関連を意識した指導が不十分であること、指導方法に不安を抱える教員が多いこと、学年が上がるにつれて生徒の受け止めがよくないこと、振り返らせたり具体的にどう行動すればよいかを考えさせたりすることに関する指導が不十分なことなどの課題が指摘されてきた。

　特に、授業改善の視点からは、教員の一方的な指導や一問一答の繰り返しなど、生徒が自分自身についてより深く考えたり人間としての生き方について深く考えたりすることができていないということが課題である。

　中学生は、自分の生き方について迷い、葛藤する時期である。そして、人生に関わるいろいろな問題についての関心が高くなり、人生の意味をどこに求め、いかによりよく生きるかという人間としての生き方を主体的に模索し始める時期である。この中学生に生きる上で大切なことを考えさせ、自分を生かす道を歩めるようにしていくことが我々大人の役割である。生きる上で大切な道徳的諸価値について、我々は、生徒に語り掛けてきたか。そして、その生徒が自分の可能性を伸ばして生きていく力を付けてきたか。今後は、更に主体的に判断し、自立した人間として他者と共によりよく生きる力の基盤となる道徳性（道徳的判断力、心情、実践意欲と態度）を身に付けられるようにしていく必要がある。

　生徒が生きる上で大切なこと（道徳的諸価値）を自覚し、自己を見つめ、人間としての生き方について考えを深める道徳授業の改善に向けて以下のことに留意しながら努力したい。

2．主体的に学ぶ道徳授業

　主体的に学ぶ道徳授業とは、生徒自らが考え、理解し、主体的に学習に取り組む授業のことである。生徒自身が進んで考え、課題に向けて主体的に取り組み、人間としての生き方について考えを深められるようにする必要がある。

（1）道徳的価値を自分との関わりで捉える

　主体的に学ぶ学習を行う上で大切なことは、道徳的価値をどう自分との関わりで捉えさせ、自覚できるようにするか、である。また、生徒同士が体験や意見、思いを伝え合い、話し合い、そのことを通して人間としての生き方について気付くことも大切である。

　例えば、読み物教材を使用する時には、登場人物の心情理解に終始するのではなく、自分との関わりで道徳的価値について考える授業を行うようにしたい。決まりきったことを言い、書くのではなく、自分との関わりで考える授業を行う必要がある。特に、登場人物の言葉や行動の理由や背景に迫り、それを支えている価値について話し合うことが深い学びにつながる。

（2）自分自身の課題や目標を見付ける

　授業の導入の段階に、生徒自らが学びたいという課題意識や課題追究への意欲を高め、学習の見通しをもたせることが大切である。そして、展開の段階で教材や生徒の生活体験などを生かしながら、道徳的価値を多面的・多角的に捉えることができるようにする必要がある。さらに、理解した道徳的価値から自分の生活を振り返り、自らの成長を実感したり、これからの課題や目標を見付けたりできるようにすることが大切である。

　また、教材の特質を生かすとともに、一人一人が意欲的で主体的に取り組むことができる表現活動や話合い活動を行い、学んだ道徳的価値に照らして、自らの生活や考えを見つめるための具体的な振り返り活動を工夫したい。また、授業の導入、展開前段と展開後段で、心情円盤やネームカード等を使って自分の気持ちや考えを表示するなど、自分の考えがどのように変容したかが分かるような活動を工夫することも、自分の考えを深めることにつながる。

(3) 問題解決的な学習

　問題解決的な学習とは、教材や日常生活などから道徳的な問題を見付け、道徳的価値や道徳的価値の意味や意義を考える学習のことである。道徳的価値について自分自身はどうであったかを振り返り、問題を見付け、主体的に解決をしていく。そのときには、自分で考えるだけでなく、他の人の見方や考え方から学び、考える授業をすることにより、生徒は生き方についての考えを深めることができる。

　また、問題場面について考えの根拠を問う発問や、問題場面を実際の自分に当てはめて考えてみることを促す発問、問題場面における道徳的価値の意味を考えさせる発問を工夫することも大切である。

(4) 道徳的行為に関する体験的な学習

　道徳的諸価値を理解するためには、具体的な道徳的行為の場面を想起、追体験し、実際に行為することの難しさとその理由を考えさせ、弱さを克服することの大切さを自覚させることが有効である。また、道徳的行為の難しさについて語り合ったり、反対に生徒が見聞きした素晴らしい道徳的行為を出し合ったりして、考えを深めることもできる。

　また、読み物教材等を活用した場合には、その教材に登場する人物等の言動を即興的に演技して行う役割演技など擬似体験的な表現方法を取り入れた学習も考えられる。

　このような学習を通して、生徒が体験的行為や活動を通じて学んだ内容から道徳的価値の意義などについて考えを深めることができる。

3．対話的に学ぶ道徳授業

　道徳科の授業では、生徒一人一人がしっかりと課題に向き合い、自分の考えをもつことが大切である。更に自分の考えを深め広げるためには、教員や他の生徒との対話や討論などを通じて、他の人の考えを聞き、自分を振り返り、熟慮することが必要である。

　学級で生徒がそれぞれの考えを伝え合うことを通じて、いろいろなものの見

方や考え方があることに気付き、それぞれの考えの根拠や違い、特徴などを捉え、自分の考えを多面的、多角的な視点から振り返って考えることができる。このように生徒同士、教員と生徒が対話をすることによって、人間としての生き方について考えを深めることができる。

　ペア学習、グループ学習、バズ学習など他の生徒と対話ができる場を工夫し、自分では想定していなかった異なる考え方や、自信がもてないでいたことを後押ししてくれるような考え方など、多様な考え方があることに気付くことができる。また、この対話や、自己内対話を重ねることで、自らの道徳的なものの見方、感じ方、考え方を吟味、軌道修正していけるようにしたい。この話合い活動の目的を押さえて、対話的に学ぶ道徳授業を行う必要がある。

4．深い学びのある道徳授業

　多くの授業では、ねらいとする道徳的価値についての理解を深めるだけの授業となっていることが見られる。例えば、「思いやりは大切だ」と頭で分かるだけではなく、実際に自分なりに発展させて考えたり解決したりして、自分なりの結論までにいき、行動に生かしていけるようにする必要がある。それには、思いやりの大切さは分かったが、このことを生活や生き方の中でどう生かしていけばよいのかと考えることが必要である。切実な自分事として道徳的価値に向き合うことができるように、発問や学習活動を工夫する必要がある。

　そして、生徒が道徳的な学びを自分自身がよりよい生き方を送る上で大切な課題であることを自覚し、課題追究のために自分や級友等と対話し、生き方についての考えを深め、主体的に道徳的実践を行っていけるような学習を工夫していきたい。

5．現代的課題（情報モラル、科学技術の発展と生命倫理との関係など）の取組

　生徒の周りには、様々な社会的課題がある。身近な社会的課題を自分との関係において考え、その解決に向けて取り組もうとする意欲や態度を育てることは、人間としてこの社会でどう生きるかという考えをもつために必要である。

情報モラルに関する学習では、情報化の進展により、生徒の中で様々な問題が起きており、情報社会で適正な活動を行うための基になる考え方や態度を育てる必要がある。授業のねらいを考える時は、教材の内容と道徳科の指導内容との関連を考えて指導案を作成する必要がある。関連する指導内容としては、自主、自律、節度節制、思いやり、感謝、礼儀、友情、遵法精神等がある。
　身近な社会的課題として、生命倫理、社会の持続的発展、食育、福祉に関する教育、伝統文化教育、国際理解教育等がある。これらを、各教科、総合的な学習の時間、特別活動等での学習と関連付けて取り組むことも大切である。そして、多様なものの見方や考え方があることを理解させ、答えが定まっていない問題を多面的・多角的に考え続ける姿勢を育てることが大切である。

6．生徒がよりよい生き方を求めて努力しようと考える評価

　評価は、教員が、生徒一人一人の道徳的な成長を温かく見守り、共感的な理解に基づいて、よりよく生きようとする努力を認め、勇気付ける働きをもつものでなければならない。このような評価をすることにより、生徒は更によりよい自分や生き方を求めて道徳的に成長しようとする。評価は、生徒の人間的な成長を支援するものでなくてはならない。
　また、教員は一人一人の生徒の道徳的な成長について振り返りながら、指導計画や指導方法を評価し、その結果を指導の改善に生かす必要がある。このことがさらなる生徒の成長につながる。
　このような評価の意義を押さえることが大切である。

（1）評価のねらい

　生徒にとっては、自分の成長を振り返り道徳的成長を実感し、更によりよい生き方を求めて努力する意欲をもてるようにするためである。また、教員にとっては、指導計画や授業の改善に役立てるためである。

（2）評価する事柄

　評価する事柄は、「中学校学習指導要領道徳　第3指導計画の作成と内容の

Ⅲ　学習指導　　137

取扱い」にある「生徒の学習状況」や「道徳性に係る成長の様子」である。
　学習状況を把握する場合は、道徳科の目標である4つの観点で生徒の学習状況を見取るとよい。それは、以下のとおりである。
① 　道徳的諸価値について理解を深めることができたか。
② 　道徳的諸価値の理解を基に、自己を見つめることができたか。
③ 　物事を多面的・多角的に考えることができたか。
④ 　自己の生き方についての考えを深めることができたか。
　これらを基にした学習状況を把握するとともに、道徳性（道徳的な判断力、心情、実践意欲と態度）に係る成長の様子を見取る。

（3）評価の基本

　道徳の評価は、一人一人のよさを伸ばし、道徳性に係る成長を促すための評価である。また、他の生徒との比較による相対評価ではなく、生徒がいかに成長したかを積極的に受け止め、励ます個人内評価である。したがって、他の生徒と比較して優劣を決めるような評価ではないことに留意する必要がある。
　基本として、以下のことがある。
① 　記述式とする。
② 　一人一人の生徒が、以前よりどれだけ道徳的成長があったかを見取り、励ます評価を行う。（他の生徒と比べるのではなく、個人の中でどれくらい変化があったかを評価する個人内評価である）
③ 　1回1回の授業ではなく、長い期間で見取る。学期や年間にわたって生徒がどれだけ成長したかという視点を大切にする。

（4）評価の方法

　評価は、生徒自身が道徳的な成長を願い、更に成長していこうとする気持ちや態度がもてるようにすることが重要である。そこでは、生徒自身が自己を見つめ、人間としての生き方を考える場をもつことが必要である。そのために、生徒自身が自己評価を行うことを大切にしたい。例えば、授業でワークシートに生徒自身による自己評価の場をもつ。そして、ワークシートなどをファイルして記録を積み重ねる。また、授業者がメモや録音、録画、板書の写真をとる

などする。このように、評価を工夫することも大切である。

　学校によっては、副担任を含めて、全教員が授業を担当できるよう TT（ティーム・ティーチング＝複数の教員が協力して授業を行う指導方法）やローテーションを組んで授業を行い、多くの目で生徒の評価を行うことも始まっている。このことが、教員自身の授業での指導力を高めることにつながり、学校の道徳授業全体の向上にもつながる。

▼図　ワークシートの自己評価の例

1	授業に意欲的に取り組むことができたか。	A　B　C　D
2	「　　」について理解を深めることができたか。	A　B　C　D
3	自分の問題として考えることができたか。	A　B　C　D
4	いろいろな考え方にふれることができたか。	A　B　C　D
5	自分の生活や生き方に生かそうと思ったか。	A　B　C　D

◆　参考・引用文献

1　教育再生実行会議第一次提言「いじめ問題等への対応について」
　　2013（平成25）年2月26日
2　「中学校学習指導要領　第3章　特別の教科　道徳」（文部科学省）
　　2015（平成27）年3月

3　柔道の授業を通して
　　　武道の心と楽しさを体験させよう

はじめに

　2008（平成 20）年 3 月の中学校学習指導要領改訂により、中学校保健体育科においては、平成 24 年度から、第 1 年及び第 2 学年で全ての中学生が武道及びダンスを学習することになった。このため、中学校保健体育教員は、男子生徒、女子生徒にかかわらず全ての生徒に武道及びダンスを指導することとなった。都教委は 2011（平成 23）年 3 月に「武道・ダンス体育理論指導事例集」を作成し、都内中学校、中等教育学校、高等学校、特別支援学校の保健体育教員約 7,100 人に配布したので、同科の先生方はこの事例集に目を通していると思う。

　文部科学省（以下「文科省」）の調査によると、平成 23 年度から中学 1、2年生の保健体育科の授業で必修化された武道 ― 特に柔道の授業を行う中学校の 93.8％にあたる 6,411 校が授業の開始時点で「一定の指導歴か研修歴をもつ教員が指導する体制になっている」と回答していることが分かった。3％にあたる 206 校では、「外部指導者の協力を得る」と回答している。

　この調査は全国の国公私立中学校 1 万 683 校が対象。4 月時点の柔道の指導体制を聞いたものだ。柔道の授業を実施すると答えたのは、全中学校の 64.0％にあたる 6,837 校。割合が高かったのは山形県（97.2％）、秋田県（96.7％）の順で、東京都は 83.8％だった。剣道の多い岐阜県が 9.6％で最も低かった。

　必修化されたねらいを授業に生かすために、限られた時間のなかで指導に当たる教員はどうあるべきか、見解を以下に述べる。

１．武道必修化の意義

　武道は、我が国固有の文化であり、相手の動きに応じて、基本動作や基本技

を身に付け、相手を攻めたり相手の技を防御したりすることによって、勝敗などを競い合う楽しさや喜びを味わうことのできる運動である。

　武道を学ぶことによって、「礼」に代表される伝統的な考え方などを理解することが期待される。また、相手の動きに応じて対応する中で、相手を尊重する態度が育まれることも期待される（2012 年　文科省「柔道の授業の安全な実施に向けて」から）。

（1）柔道の源流

　古武道のなかでは、「柔術」と言われた。武士が戦場で刀折れ、矢尽きたとき、素手で戦うための実践的な組み打ちの技術だった。

　講道館に残る記録によると、最も古い流派は、戦国時代に誕生。江戸時代の終わりころには、約 170 もの流派があったという。こうした流派の中から［投げ技］が特徴の「起倒流」、［固め技］に優れた「天神真楊流」を修業した東京大学の学生だった嘉納治五郎が、卒業後の 1882（明治 15）年に「人をつくる教育の道」として提唱したのが柔道である。

　柔道は、誕生から数年後に開かれた警視庁の武術大会でその名をとどろかせた。そこで嘉納の門下生が柔術の猛者たちを次々に倒したのだ。柔道はこれをきっかけに警察官の訓練科目として採用され、普及していく。

　1964（昭和 39）年の東京オリンピックからは、正式なオリンピック種目になり、現在、国際柔道連盟には 200 の国・地域が加盟して、大きく国際化が進んでいる。

（2）礼節の心

　柔道が「柔術」から発展進化したのは、心身の鍛練や人間教育など「道」の部分を重視したからに他ならない。嘉納治五郎が唱えた「精力善用、自他共栄」の精神に象徴される礼節の心を生徒に育むことが大切である。中学時代に相手をいたわる心を畳の上で学び合うことが 10 年、20 年先を考えた柔道の底辺拡大を目指すのもよいだろう。

　中学校における武道の必修化の目標は「日本人が忘れてしまった『礼節の心』を武道を通じて呼び起こす」ことではなかろうか。

Ⅲ　学習指導

（3）柔道とJUDOの違い

　ロンドン五輪大会では日本の男子柔道は残念な結果に終わったが、柔道競技を見る機会が中学生を含め、体育科の教員にも多くあったと思う。テレビで見るJUDOと平成24年度から中学校で必修種目になった柔道とは究極は同じでも、そこにたどりつく過程は、全く違うことを教員は知る必要がある。

　本来の柔道は、五輪大会を頂点とする勝負優先の競技スポーツ「JUDO」とは異なる。指導に当たる教員は武道（柔道）がなぜ「必修化」されたのかを含めて柔道の存在意義を指導理念の主眼にすべきであろう。

2．中学校「武道」のねらい

（1）次の運動について、技ができる楽しさや喜びを味わい、基本動作や基本となる技ができるようにする。
　ア　柔道では、相手の動きに応じた基本動作から、基本となる技を用いて、投げたり抑えたりするなどの攻防を展開すること。
　イ　剣道では、相手の動きに応じた基本動作から、基本となる技を用いて、打ったり受けたりするなどの攻防を展開すること。
　ウ　相撲では、相手の動きに応じた基本動作から、基本となる技を用いて、押したり寄ったりするなどの攻防を展開すること。
（2）武道に積極的に取り組むとともに、相手を尊重し、伝統的な行動の仕方を守ろうとすること、分担した役割を果たそうとすることや、禁じ技を用いないなど、健康・安全に気を配ることができるようにする。
（3）武道の特性や成り立ち、伝統的な考え方、技の名称や行い方、関連して高まる体力などを理解し、課題に応じた運動の取り組み方を工夫できるようにする。（文科省　「中学校学習指導要領」　平成20年3月）

3．柔道の授業の進め方のデザイン

（1）指導のねらいを焦点化
　中学校の柔道は、「柔道って意外に面白いな！」「もっとやってみたいな！」「柔

道やると怪我が少なくなるのか！」と生徒が感じる程度の授業で良いと思う。生徒が柔道を好きになる授業を目指すことが重要である。柔道を専門外とする教員が柔道指導で困惑することの一つに、実技指導書(書名—ワンダフルスポーツ、図解中学体育等) には、記述されていない微妙なポイントが指導しきれないことだと考える。また、どこまで指導するのか、実技指導書に記載されている全ての技を生徒に指導するのか、多くの戸惑いがあろう。指導書の技を全てマスターするには、授業内ではとうてい不可能なことである。配布済みの都教委の『武道・ダンス・体育理論　指導事例集　平成23年3月発行』を手近に置いて参照にしてほしい。

（2）指導時期を総合的に検討

　中学校3年間を通した柔道履修の中長期的な見通しをもつこと、また生徒の健康・安全を考慮して、室温が極端な時期を避けるべきだろう。

（3）授業形態の検討

　指導スタッフと授業形態の検討　—　男女別修か共修か。外部指導員の導入とTT指導

4．柔道の授業前における留意・点検事項

（1）実技練習環境（施設・設備、用具など）の安全確認
（2）事故発生対応策
　① 応急手当（捻挫・骨折など／AED操作）の確認
　② 緊急連絡先の確認
（3）外部指導員との協力体制
（4）指導計画の点検
　① 指導のねらいは明確か
　② 指導時期は妥当か
　③ 外部指導員を導入した場合のTT指導はどのように
　⇒ 参考資料 — 都教委「外部指導員の導入による成果」「外部指導員を活用

する武道モデル事業 実践事例」では下記のように記述されている。
a 伝統文化の伝承としての柔道における作法／礼法や講道館の精神について分かりやすい説明が可能となる。
b 技の説明を身体構造の視点で行い、力で相手を投げるのではないことを説明した。
c TTにすることで女性教員も指導できる。
d はじめて学習する女子生徒の柔道に対する不安が少なくなり、意欲的に取り組んだ。
e 女性教員は次年度から、自ら指導の中心となって授業を行える意識が高まった。

5．柔道の授業内容

中学校で学ぶ武道は、これまで選択領域だったが、新学習指導要領に示された「武道」では、第1学年と第2学年において、「武道とダンス」を含めた全ての領域（柔道・剣道・相撲）が必修となった。

柔道の授業内容は、各学校や地方教育委員会（以下「地教委」）の裁量に委ねられているが、「武道」に割ける時間は保健体育の授業として1、2学年とも年間10時間程度である。この限られた時間で、礼法、受け身、基本技などを学ぶとすると、教える側も手いっぱいであろう。

（1）オリエンテーション
最初の授業が肝心で、初めて学ぶ生徒の目線に立脚して次の項目などを簡潔に指導したい。
① 柔道の歴史
② 柔道着の準備・着方・たたみ方
③ 授業規律の維持・確保

武道のどの種目にも共通していることだが、一番大切なことは、授業規律である。勝手なことをやっている集団に柔道を教えることは、生徒に凶器を持たせることと同じだといっても過言ではない。初めに強調した、柔道を通して「心」

を教えることに尽きるといってよい。他の種目にない支え手（かばい手は、相撲にもある）がある唯一の種目である。そこに、柔道の素晴らしさがある。残念ながら、生徒がマスメディアで見聞きする柔道は、JUDOである。相手の心を考えずガッツポーズをしたり、反則を取りにいったりするのがJUDOである。勝つことが一番だというのがスポーツJUDOである。中学校で指導するのは、柔道であり、その違いと基本理念を徹底させれば、中身が濃く、怪我のない授業になると考える。

（2）礼法の指導

　柔道を指導する上で、最も重要なことは、「礼法」を通して、「心」を指導することである。このことこそ、中学校の体育に「武道」が導入された根本の考え方である。柔道指導で初めに指導しなければならないことは、怪我の予防、導入段階の基礎である礼法と基礎的な補助運動と受け身の指導である。その基礎を完全に習得させてから、基本的な投げ技、固め技の指導に発展させることが重要である。

　嘉納治五郎の柔道精神に「礼法は、常に相手を尊重し、敬意を表し、感謝の念をもたねばならない。また、自分も謙虚で、冷静を保たなければならない。礼法は、このような礼の気持ちを形で表したものである。技の上達とともに、人間性の向上を目指すことが大切である。」とある。この礼法の理念は、「敵（相手）にも仲間にも敬意を払う」フェアプレーの精神と共通している。このことを繰り返し指導することが大切である。

（3）準備運動を兼ねた補助運動

　実際に投げられると、体の回転で天地が逆さまになることが多い。非常に恐怖感をおぼえる。恐怖感を和らげるために、前転・後転・開脚前転・開脚後転・側方倒立回転は、準備運動を兼ねて行うと良い。また、柔道の特異な運動である脇締め・エビ等を取り入れると、生徒の興味・関心が深まる。

（4）受け身の基本

　「実技指導書」に記載されている受け身は、試合実践で使われる受け身とは

違いがあることを指導者は理解することが必要である。実技指導書に書かれている受け身の全てをマスターしたら、実際に投げられたときに受け身が取れるようになっているが、授業時数が限られた中では、受け身の練習に多くの時間をかけることは難しい。

6．予測される怪我の種類と防止のキーポイント

　柔道は、怪我の多いスポーツだと言われているが、実際は、受け身を身に付けることで、他の種目での怪我の防止にもつながる。すなわち、受け身を身に付けることで、倒れたときの体のバランスをとり、衝撃を和らげることができる。柔道選手があれほどの勢いで投げられても怪我をしない理由がそこにある。ではどんな怪我があるのか以下に示す。

（1）体幹の怪我
　脳しんとう、加速損傷、SIS（セカンドインパクトシンドローム）体幹の怪我は、重大な後遺症を残すか、死に至りかねない。特に、頭部の怪我は、未然に防ぐことが重要である。最近の生徒は、首の筋力が弱く、後方に倒れると、頭の重さに耐えられず、後頭部を強打することが多々ある。特に、女子は、その傾向が強い。後ろに投げられる技、大外刈り、大内刈り、小内刈り等は、首の筋力を鍛えてから指導することが望ましい。また固め技でも、けさ固めも頸椎損傷の危険があり、指導に細心の注意が必要である。

（2）上体の怪我
　①　鎖骨骨折
　　上体の怪我でこれまで中学生の試合で最も多いのは、鎖骨骨折である。無理な巻き込み技、投げた選手が相手に勢いのまま乗ってしまう技（払い腰、内股に多い）に多い怪我で、体の大きい選手が投げたときに多い。投げたら、引き手を十分引かせることを徹底させる必要がある。残念ながら「実技指導書」での技の解説には、書かれていないことが多い。
　②　腕の怪我

腕の怪我で多いのは、肘関節脱臼、上腕骨骨折、橈骨骨折等である。これらの怪我の多くは、右組の選手が左技で投げられたときに、手を突くことで発生することが多い。また、肩から直接落ち、強打したときに、肩鎖間接脱臼も多く発生する。
③　脚（足）の怪我
　脚の怪我で、多いのは、足首の捻挫。また膝の怪我は、完治に時間のかかる怪我が多く、すぐに専門医の診断を仰ぐことが必要である。膝の靭帯断裂は、早期に治療しないと一生の怪我になりかねないので注意が必要である。

　怪我の予防と早期対応は重要なことである。生徒には、軽い怪我でも必ず報告させること。授業者は素人判断せずに、まず養護教諭に相談することが大切である。早期対応が保護者とのトラブル防止の基本である。

7．中学校における柔道の必修化に対応した全日本柔道連盟の動き

　これまで柔道を指導するための、用具・施設・設備と指導者の確保が各学校で十分にできているか懸念する新聞報道もあった。
　柔道の授業で怪我をし、柔道は危険な武道だという印象を植え付けて、柔道人口がますます減少することを危惧する声もある。
　全日本柔道連盟（以下「全柔連」という）では部活動や授業で頭部外傷や脳しんとうを起こした選手や生徒の症状などを登録する届け出制度を作った。
　全柔連の医科学委員会では、柔道の中学校必修化をきっかけに、頭部を打った全ての例を集めて、どのような特徴があるか調べることにした。町の柔道教室や部活動の選手だけでなく、授業中の事故についても教育委員会を通して報告してもらう。指導者や保護者に、事故前の体調や事故後の症状、医師の診断、画像などのデータを提出してもらうことになっている。

8．学校に求められる工夫

　指導者の問題については、研修の充実があげられる。校内や地域で武道経験

のある教員などに講習会を開いてもらうことや、その講習会で終わるのではなく一緒に授業実践をすることにより、授業の指導力を高めていく工夫をすることがあげられる。また、施設（武道場）と用具の問題には、施設整備計画等の予算措置を地教委に確認するなどして見通しをもつことが大切。

年間計画では、授業実施の時点で保有している施設と用具でどのようなことが可能なのかを、安全面に留意して考えていきたい。

そして、保健体育科の内容をどのように配列すると、より施設の空きが減るのか、一度に展開するクラスや人数をどのくらいにすると効率が良いのか、授業展開では、用具の使い方や練習の順序をどのようにすると、より学習に効果的なのかといった視点による工夫が考えられる。

◆ 参考・引用文献

1　文科省「中学校学習指導要領」平成23年3月
2　文科省スポーツ・青年局「柔道の授業の実施に向けて」平成24年3月
3　都教委「武道・ダンス体育理論　指導事例集」平成23年3月

◆ 協力

1　東京都中学校体育連盟

編集委員一覧（及び執筆分担）

東京都教育会　会長　貝ノ瀨 滋
東京都教育会ホームページ委員
　　委員長　岡野 仁司（Ⅱ-4、Ⅲ-1・3）
　　委　員　福田 睦男（Ⅰ-1・2・3・4・6、Ⅱ-1・2・5）
　　　　　　奥山 英男（Ⅰ-5、Ⅱ-6）
　　　　　　中馬 民子（Ⅱ-3）
　　　　　　山田 佳子（Ⅲ-2）

未来社会への学びのヒント
～ 東京都教育会からのメッセージ ～

2018年8月24日　　初版第一刷発行

著　者　　東京都教育会
発行人　　佐藤 裕介
編集人　　遠藤 由子
制　作　　原田 昇二
発行所　　株式会社 悠光堂
　　　　　〒104-0045 東京都中央区築地 6-4-5
　　　　　シティスクエア築地 1103
　　　　　電話：03-6264-0523　FAX：03-6264-0524
　　　　　http://youkoodoo.co.jp/
デザイン　　株式会社 キャット
印刷・製本　明和印刷株式会社

無断複製複写を禁じます。定価はカバーに表示してあります。
乱丁本・落丁本は発売元にてお取替えいたします。

ISBN978-4-909348-12-8　C3037
Ⓒ 2018 東京都教育会, Printed in Japan

教職員のための出版トータルサポート

トータルで出版をサポートする
私たちだからできること。

本を作る。
人生にそう何度もあることではありません。
自分の経験を、知識を、後輩へ、子供たちへ、次世代へとつなげようとしている先生方に私たちがお応えできること。
本を作るだけではない、できあがった本を通して人と人をつなげることも含めてサポートする。これが私たちの答えです。

①編集サポート	②販売サポート
編集者が原稿を読み込み、編集、校正、デザインを含め完成まで併走します。表現や著作権のチェックも欠かしません。	できあがった本は販売会社（取次）を通し、書店で販売します。本の特色に合わせてパブリシティや販売戦略を練っていきます。
ご希望に応じ、追加でプロフェッショナルな力（ライター、イラストレーター、カメラマンなど）をご提供することも可能です（有料）。	販促用のチラシを作成、新聞・雑誌・各種広報等へは書面（プレスリリース）を出し、本の発行を案内します。
④追加サポート	③周知サポート

お気軽にお問い合わせください

YOUKOODOO 悠光堂　☎03-6264-0523
（担当：遠藤由子）

〒104-0045 東京都中央区築地 6-4-5 シティスクエア築地 1103
FAX 03-6264-0524　http://youkoodoo.co.jp/